Monique Lévi-Strauss

Im Rachen des Wolfes

Monique Lévi-Strauss
Im Rachen des Wolfes

Meine Jugend in Nazideutschland

Aus dem Französischen
von Annette Jucknat

Das Original erschien unter dem Titel
Une enfance dans la gueule du loup by Seuil.
© Éditions du Seuil, 2014

Die Deutsche Nationalbibliothek verzeichnet diese Publikation
in der Deutschen Nationalbibliografie;
detaillierte bibliografische Daten sind im Internet über
http://dnb.de abrufbar.

wbg Theiss ist ein Imprint der wbg
© 2021 by wbg (Wissenschaftliche Buchgesellschaft), Darmstadt
Die Herausgabe des Werkes wurde durch die Vereinsmitglieder
der wbg ermöglicht.
Lektorat: Kristine Althöhn, Mainz
Satz: Anja Harms, Oberursel
Umschlaggestaltung: Peter Lohse, Heppenheim unter Verwendung
eines Fotos von Monique Lévi-Strauss. © Author archives
Gedruckt auf säurefreiem und alterungsbeständigem Papier
Printed in Germany

Besuchen Sie uns im Internet: **www.wbg-wissenverbindet.de**

ISBN 978-3-8062-4117-4

Elektronisch sind folgende Ausgaben erhältlich:
eBook (PDF): 978-3-8062-4143-3
eBook (epub): 978-3-8062-4144-0

||||||||||||||||||||

Für Claude, *in memoriam*,
für Matthieu und Catherine,
Thomas und Julie

||||||||||||||||||||

Inhalt | | | | | |

Zweiter Teil

Nüchterne Erinnerungen

Ich habe meine Kindheitserinnerungen erst sehr spät aufgeschrieben.

Ich hätte zwischen dreizehn und neunzehn Tagebuch schreiben sollen, damals, während der Kriegsjahre in Deutschland, in das mein Vater uns verschleppt hatte, meine jüdische Mutter, meinen Bruder und mich. Doch seit 1940 durchsuchte die Gestapo unsere Zimmer. Wir waren vorgewarnt: Jede Zeile konnte uns verraten. Wir mussten nicht nur schweigen, wir durften auch nichts Verdächtiges besitzen.

Nach dem Krieg wäre der ideale Zeitpunkt gewesen, meine noch ganz frischen Erinnerungen zu erzählen oder niederzuschreiben. Ich war nicht die Einzige, die feststellte: Kriegserinnerungen interessieren niemanden. Ich war 1945 nach Frankreich zurückgekehrt, und das, was ich erlebt hatte, brodelte in meinem Kopf, und ich hätte gerne mit jemandem darüber geredet. Es gab niemanden, der mir zuhörte, man wollte mit der Vergangenheit abschließen, wieder ein normales Leben beginnen. Wäre ich scharfsichtig gewesen, hätte ich vorhergesehen, dass sich eines Tages eine neue Generation für die Vergangenheit interessieren würde und dafür, wie der Alltag der Menschen im Krieg gewesen ist.

Ich habe es nicht vorausgeahnt, ich habe 1945 nichts niedergeschrieben.

So vergingen fast fünfzig Jahre, bis ich erzählte, wie ich den Krieg 1939–1945 erlebt hatte. Es war im Jahr 1995, ich hatte gerade die dreitausend Negative, die mein Mann aus seiner Zeit in Brasilien mitgebracht hatte, auf 13 x 18-Fotopapier abgezogen. Die Zeit war gekommen, auch meine eigenen Erinnerungen auf A4-Papier „abzuziehen".

Die Gefühle, die mich bei der Lektüre mehrerer in Deutschland erschienener Autobiografien überkamen, von denen ich hier vor allem die von Victor Klemperer nennen möchte, drängten mich zu schreiben. Es ging vor allem darum zu erklären, was meinen Vater dazu gebracht hatte, seine Frau und seine beiden Kinder am Vorabend des Krieges mit nach Deutschland zu nehmen. Obwohl unsere Verwandten und Freunde ihn anflehten, es nicht zu tun. Die Familie meiner Mutter nahm regelmäßig jüdische Freunde auf, die aus Deutschland oder Österreich geflohen waren und von den Verfolgungen berichteten, denen ihre Glaubensbrüder dort ausgesetzt waren. Auch galt es verständlich zu machen, wie eine so intelligente und mutige Frau wie meine Mutter hatte zustimmen können, ihrem Mann zu folgen und ihre Kinder in ein derart gefährliches Abenteuer hineinzuziehen.

Ich habe mich entschieden, zunächst kurz auf die Kindheit meines Vaters und meiner Mutter einzugehen, in der Hoffnung, in den traumatischen Erfahrungen ihrer ersten Lebensjahre eine Erklärung für ihr mangelndes Urteilsvermögen zu finden. Was verband meine Eltern, die aus so unterschiedlichen Milieus stammten? Beide waren auf ihre Art nonkonformistisch, hatten sich von dem Milieu, in das sie hineingeboren waren, gelöst, ohne offen gegen es zu rebellieren. Im Zusammenleben mit ihnen lernte ich, den Spagat zwischen zwei Kulturen zu meistern. Erst im Rückblick ermesse ich die Anstrengung, die dieser Spagat mich gekostet, und die geistige Beweglichkeit, die er mir geschenkt hat.

Die Geburt meiner Enkelkinder in den 1990er-Jahren, die vielleicht eines Tages ihre Ursprünge würden kennenlernen wollen, veranlasste mich zu schreiben. Die Bilder kehrten zurück, die Geschichten fügten sich aneinander – wenn natürlich auch entstellt. Ich hatte sie mir tausendmal selbst erzählt, hatte die schmeichelhaften Episoden ausgewählt, die Niederlagen, die Fehler und die Feigheiten verdrängt. Einige Tatsachen musste ich rekonstruieren, um die Erinnerungslücken zu schließen, Daten und Orte verifizieren. Das Grundgerüst der bloßen Erinnerungen war da. Diese sechs Jahre in Deutschland nehmen in meinen Gedanken einen ungeheuer großen Raum ein: Sie wiegen schwerer als der Rest meines Lebens.

2010 lernte ich Maurice Olender kennen, der mich dazu drängte, meine Erinnerungen zur Veröffentlichung aufzuschreiben. Der harte Kern der Leser, die den Verlockungen der Bilder widerstehen, zeigt heute ein großes Interesse an schriftlichen Zeugenberichten über vergangene Zeiten. Ich holte mein Manuskript von 1995 wieder hervor. Es hörte im Jahr 1945 mit dem Ende der Feindseligkeiten in Europa auf und bildet nun den ersten Teil dieses Buches. Ihm fügte ich einen zweiten Teil hinzu, der die folgenden vier Jahre umfasst, in denen ich mir tastend meinen Weg bahnte.

Um meiner Erinnerung auf die Sprünge zu helfen, beschloss ich, an die Orte zurückzukehren, an denen ich während des Krieges gelebt hatte. Während einer Reise nach Luxemburg im November 2012 war ein Freund gerne bereit, mich nach Prüm in der Eifel zu begleiten, dem Städtchen, in dem ich 1944 Abitur gemacht habe. Ich wollte die Barockkirche wiedersehen. Ich erkannte sie, ohne sie wiederzuerkennen. Es war ein wenig wie ein vertrautes Gesicht wiederzusehen, das zu stark geschminkt ist. Wir erkundigten uns und erfuhren, dass das Städtchen nach dem Ende meiner Schulzeit bei einem Bombenangriff zu 85 Prozent zerstört worden war, darunter auch die Kirche, die man detailgetreu wiederaufgebaut hatte. Vertrauen wir darauf, dass die Zeit ihr wieder eine Seele geben wird.

Als ich 2013 zu einer Tagung über die Schriftstellerin und Malerin Anita Albus nach Schwalenberg in Westfalen eingeladen wurde, fuhr ich über Düsseldorf zurück. Der Chauffeur, der mich zum Flughafen bringen sollte, war gerne bereit, mich an die Stellen der Stadt zu bringen, die ich wiedersehen wollte. Die Platanen der Königsallee sind in den letzten siebzig Jahren stark gewachsen. Pflanzen vernarben besser als Stein: Die von den Bomben verstümmelten Bäume haben neue Äste angesetzt, um ihr Gleichgewicht wiederherzustellen. Aber in den Lücken, die die zerstörten Häuser hinterlassen hatten, sind Gebäude entstanden, die diese einst so elegante und luftige Stadt ersticken. Die Parks werden zerquetscht. Überall Bauarbeiten, Kräne, Verkehrsstaus.

Ich bin mir nicht sicher, ob man die Orte seiner Erinnerung noch einmal aufsuchen sollte.

Die Erzählung meiner Kindheit und meiner Jugend lässt sich wie ein Tatsachenbericht lesen. Das einzigartige Schicksal eines belgischen Mädchens mit jüdischer Mutter, das man zwingt, während des „Dritten Reiches" in Deutschland zu leben.

Dieser Text erlaubt aber auch eine andere Lektüre: eine Heranwachsende im Konflikt mit ihren Eltern, die sie für völlig verantwortungslos hält, weil sie die Familie in den Rachen des Wolfes verschleppt haben.

Beim Schreiben dieses Buches habe ich mit meiner Mutter und meinem Vater Frieden geschlossen.

Paris, im Januar 2014

||||| ERSTER TEIL

‖‖‖‖ Meine Eltern

Die Familie meines Vaters

Mein Vater wurde als Sohn von Jean Roman und dessen Frau, deren Vor- und Mädchennamen ich vergessen habe, am 22. März 1898 in Gent geboren und trug die Vornamen Jules, Jean und Clément. Meine Großeltern väterlicherseits waren katholisch, aber nicht gläubig. Sie sprachen Flämisch und Französisch mit starkem belgischem Akzent. Jules, mein Vater, war das jüngste von vier Kindern. Die älteste Tochter, Nelly, war um 1890 geboren worden und hatte einen belgischen General geheiratet. Sie bekam keine Kinder und versank um 1930 herum in eine Neurasthenie. Ich glaube, sie hat sich während des Krieges umgebracht. Die zweitälteste, Louise, muss 1894 geboren sein, wir nannten sie Tante Bie; sie heiratete einen Oberst, Léon de Rudder. Im Krieg 1914–18 war er Adjutant König Alberts I. gewesen, in Friedenszeiten Makler. Sie hatten zwei Kinder: Léon, geboren 1923, und Claire, geboren im April 1925. Das dritte Kind meiner Großeltern war schließlich Paul, geboren 1896, mit einer Violaine verheiratet; sie hatten keine Kinder.

Meine Großeltern väterlicherseits ließen sich in den ersten Jahren des 20. Jahrhunderts scheiden. Meine Großmutter wollte ein neues Leben beginnen und brachte ihre Kinder einfach irgendwo unter. Im Alter von sechs Jahren fand mein Vater sich so als Bäckerlehrling wieder. Für freie Kost und Logis musste er früh aufstehen und den Kunden das Brot ausliefern. Danach lernte er Teig zu kneten, *Cramique*, ein köstliches Rosinenbrot, herzustellen. Eines Tages traf er auf der Straße seine Mutter am Arm eines Freundes. Sie erkundigte sich nach seiner Arbeit und fragte, ob er ihr nicht etwas Geld geben könne. Mein Großvater arbeitete als Fotograf. Mehrfach steckte er meinen Vater in ein Internat, um ihm wenigstens eine rudimentäre Bildung zu vermitteln, aber sobald das Geld knapp wurde, kehrte mein Vater in die Bäckerei zurück. Er hat auch mal bei einem Fotografen gearbeitet. Insgesamt umfasste seine Schulzeit nur einige wenige Trimester.

Weil er seinen Lebensunterhalt verdienen musste, hatte mein Vater keine Zeit zum Lernen. Als 1914 der Krieg ausbrach, war er sechzehn Jahre alt. In der Armee zu dienen, hätte ihm das Recht auf eine Ausbildung eröffnet. Da er, anders als gefordert, noch keine achtzehn Jahre alt war, bat er seinen Bruder Paul, eine Falschaussage über sein Alter zu machen; so wurde er Soldat.

Am 11. November 1918 war mein Vater noch am Leben. Da er dreimal verwundet worden war, hatte man ihn ausgezeichnet und zum Offizier befördert. Ein ehemaliger Soldat hatte – auch ohne irgendeinen Abschluss – das Recht, sich an der Freien Universität Brüssel einzuschreiben und dort den Unterricht zu besuchen. Bestand er nach einem Jahr die Zulassungsprüfung, war er als Student zugelassen.

Mein Vater studierte mehrere Jahre lang, dann bestand er den *Concours* für die *École Solvay*, an der Ingenieure ausgebildet wurden. Nachdem er diese Schule abgeschlossen hatte, bekam er ein Jahresstipendium für die *Harvard Business School*. In Boston lernte er dann im Laufe des Studienjahres 1923/24 meine Mutter kennen.

Die Familie meiner Mutter

Meine Mutter, Ruth Emma, kam am 21. August 1902 in Hampstead (London) als Tochter von Paul Rie (1867–1931) und dessen Frau Bella, geborene Strouse (1876–1957), zur Welt. Die Familie meines Großvaters lässt sich auf das spanische Judentum zurückverfolgen. Als er vor der Inquisition fliehen musste, entschloss sich das damalige Familienoberhaupt, sich zukünftig nach den Anfangsbuchstaben seines Namens zu nennen: Rabin Isaac Ezechiel. Meine Großmutter war Amerikanerin und über ihre Mutter mit der Familie Guggenheim verwandt, Pittsburgher Juden, die aus Deutschland emigriert waren. Ihr Vater, Alexander Strouse, war ein New Yorker Jude bayerischer Herkunft. Mein Großvater mütterlicherseits, Paul Rie, stammte aus Wien und verdiente seinen Lebensunterhalt als Importeur von Perlmutt. Nachdem er in der ganzen Welt herumgereist war und die Länder besucht hatte, in denen die Muscheln angebaut wurden, ließ er sich um 1893 in New York nieder. Er wohnte bei Emma Strouse (1858–1938), meiner Urgroßmutter. Jung Witwe geworden, vermietete sie Zimmer an Freunde von Freunden, um ihre beiden Kinder, Bella und Henry, zu versorgen. Paul Rie verliebte sich in Bella und schickte sich gerade an, in aller Form um ihre Hand anzuhalten, als seine zukünftige Schwiegermutter ihn unterbrach, um ihm zu sagen, wie glücklich sie sei, seine Frau zu werden; sie war in der Tat nur neun Jahre älter als er. Seitdem Paul seine Absichten klargestellt hatte, litt meine Urgroßmutter unter einer Depression. Während einer Wienreise, bei der er Emma und Bella Strouse seiner Familie vorstellen wollte, schickte Paul seine zukünftige Schwiegermutter

zu einer Untersuchung bei Doktor Freud, dessen Freund und Mit-
arbeiter sein Bruder, Oskar Rie, war. Freud untersuchte sie ein
wenig kurz angebunden und beruhigte die Familie. Aber meine
Urgroßmutter behielt „die Ohrfeige von Doktor Freud", wie sie es
nannte, in schlechter Erinnerung, sie beschwerte sich noch in den
1930er-Jahren darüber.

Von den fünf Kindern von Paul und Bella Rie war das älteste,
Paul (1897–1991), in erster Ehe mit Andrée Singer, einer Cousine
zweiten Grades, verheiratet, mit der er ein Kind hatte, das früh
verstarb. In zweiter Ehe lebte er mit Grace Alexandra Young
zusammen, einer Amerikanerin aus Kansas. Sie hatten drei Kinder: Suzanne, Danny und Tom. Obwohl er literarisch sehr interessiert war, hatte Paul junior auf ein Universitätsstudium verzichten und Perlmuttimporteur werden müssen, um eines Tages die
Nachfolge seines Vaters antreten zu können.

Das zweite Kind von Paul Rie hieß Dorothy (1899–1984); sie
heiratete Carlo Ausenda, einen Ingenieur aus Mailand, dem sie
fünf Kinder schenkte: Giorgio, Carla, Isa, Paolo und Gianni.

Nach Paul und Dorothy war meine Mutter, Ruth Emma,
genannt Emmy (1902–1959), das dritte Rie-Kind.

Jean (1907–1979), das vierte, heiratete in erster Ehe Colette Max,
seine Cousine zweiten Grades, mit der er Jean-Louis und Françoise
bekam. Aus seiner zweiten Ehe mit Fernande Boudine hatte er
einen weiteren Sohn, Philippe. Da er kaufmännisches Talent besaß,
arbeitete auch Jean mit seinem Vater zusammen. Als dieser starb,
übernahm er dessen Firma in Frankreich. Sie stellte Knöpfe und
Messergriffe aus Perlmutt und aus Horn her. Die Fabrik in Méru
(Département Oise) verarbeitete Perlmutt. Die in Thiers (Département Puy-de-Dôme) stellte vor allem Messergriffe aus Horn her.

Das fünfte Kind, Georges, wurde 1915 geboren und heiratete

Marie-Louise Hahn, die ihm zwei Kinder schenkte, Michael und Linda. Georges und Marie-Louise waren Ärzte.

Paul Rie entstammte einem dezidiert laizistischen Wiener Judentum, das sich unbedingt sozial integrieren wollte. Meine Großeltern waren also nicht praktizierend. Bei ihnen wurde Englisch gesprochen, meine Großmutter und meine Urgroßmutter hatten dabei einen amerikanischen, mein Großvater einen leichten Wiener Akzent. Falls nötig, konnten Sie sich auch auf Französisch, Deutsch und Italienisch ausdrücken.

Wie schon gesagt, wurde meine Mutter in London geboren, wo mein Großvater einige Büros hatte. 1904 eröffnete er eine weitere Filiale seines Unternehmens in Paris. Die Familie zog nach Neuilly. Aus London brachten meine Großeltern „Nanny", die junge englische Gouvernante (1880?–1956), mit, die die fünf Rie-Kinder großzog und sich vor dem Krieg von 1939 auch noch um die Enkelkinder kümmerte. Meine Mutter erhielt, obwohl zu Hause Englisch gesprochen wurde, eine klassisch französische Ausbildung. Ihre frühe Kindheit war vor allem davon geprägt, dass es ihr einfach nicht gelang, mit ihrem Bruder und ihrer Schwester zu spielen. Als sie vier Jahre alt war, glaubten ihre Eltern, sie sei ein wenig zurückgeblieben. Sie nutzten einen Besuch von Doktor Oskar Rie in Paris, um ihn zu bitten, seine Nichte Emmy zu untersuchen; nachdem er das Kind beobachtet hatte, erklärte er, mit ihrer Intelligenz sei alles völlig in Ordnung, aber sie sehe nichts und brauche dringend eine Brille. Jahrzehnte später erzählte meine Mutter, welch ein Wunder diese erste Brille vollbrachte. Sie konnte endlich bei allen Spielen mitmachen, eine Existenz wie alle anderen führen. Das ganze Leben lang blieb ihr eine außerordentliche Fähigkeit, sich für sich allein beschäftigen zu können, indem sie sich Geschichten erzählte oder stundenlang las.

Paul Rie, mein Großvater mütterlicherseits, hatte drei Brüder und eine Schwester, die alle in Wien geboren waren und denen er sehr nahestand. Wenn sie in Paris waren, wohnten sie bei meinen Großeltern. Meine Mutter liebte ihre Wiener Cousins, sie erzählte mir von den wunderbaren Ferien, die sie mit ihren Cousins in der Steiermark in Altaussee verbracht hatte. Onkel Oskar Rie hatte zwei Töchter: Margarethe, die den bekannten Psychoanalytiker Hermann Nunberg heiratete, und Marianne, ebenfalls Psychoanalytikerin, die den Kunsthistoriker Ernst Kris heiratete, der seinerseits auch Psychoanalytiker wurde. Tante Judith, Ditha genannt, heiratete Doktor Ludwig Rosenberg. Diese ganze kleine Welt stand mit Freud in Verbindung. Einige wurden berühmte Psychoanalytiker, die noch beim Meister selbst gelernt hatten.

Nachdem sie ihr *Baccalauréat* in Paris bestanden hatte, schickten ihre Eltern meine Mutter zum Studium nach Boston, an das *Simmons College*, ein Mädchencollege, wo sie einen *Bachelor*, dann einen *Master of Arts* in Sozialwissenschaften erwarb. Während ihres Aufenthalts in Boston traf sie den Harvard-Studenten Jules Roman. Nach ihrer Rückkehr nach Frankreich im Jahr 1924 heirateten sie in Saint-Cloud.

Flitterwochen in China

Auf der Suche nach einer Anstellung willigte mein Vater ein, ein Jahr lang für die belgische Bahngesellschaft in Shanghai zu arbeiten. Ich glaube zu wissen, dass meine Eltern von dem Gedanken, nach Fernost zu gehen, begeistert waren. Mein Vater, weil ihm seine harte Kindheit und seine Jugend in den Schützengräben das Reisen unmöglich gemacht hatten; meine Mutter ihrerseits träumte davon, dem Beispiel ihrer besten Freundin Clara Malraux zu folgen, die gerade aus Indochina zurückkam.

Von dieser langen Hochzeitsreise brachten sie einige Erinnerungen mit. Das Leben auf den Passagierdampfern, die Begegnungen, die Häfen. Die Entdeckung des Exotischen. Singapur, Peking und die Ausflüge in die Mongolei. Sie brachten auch rote Lackmöbel aus Canton mit, zwei Koffer aus Eukalyptusholz, Kleider und rote Stiefel aus russischem Leder mit kleinen Absätzen.

Im Herbst 1925, auf dem Schiff zurück nach Frankreich, war meine Mutter mit mir schwanger. Es kommt vor, dass ich auf die Frage „Waren Sie mal in China?" antworte: „Ja, kurz, denn ich wurde in Shanghai gezeugt (*J'ai été conçue à Shanghai*)". Aber weil es sich nicht schickt, über den Ort zu reden, an dem die eigenen Eltern sich geliebt haben, um einen zu zeugen, sind meine Gesprächspartner schockiert. Oder sie verhören sich und verstehen, ich sei „Konsul in Shanghai" gewesen. Das Missverständnis wird immer verworrener. Also erwähne ich diesen ersten Kontakt mit China nicht mehr.

⏐⏐⏐⏐⏐⏐ Kindheit in Passy

Ich wurde am 5. März 1926 in Paris, im 16. Arrondissement, in einer Klinik in der Rue Alfred Dehodencq 5, geboren. Meine Eltern wohnten in einer Mietwohnung in Saint-Cloud, glaube ich. Im Jahr meiner Geburt kauften sie nur nach der Planzeichnung eine Wohnung in einem noch im Bau befindlichen Gebäude, in der Rue des Marronniers 2 in Paris, im 16. Arrondissement. Im Frühjahr 1927 bezogen sie diese Wohnung, die im Jahr 1956 meine eigene und die meines Mannes werden sollte, von wo ich jetzt diese Zeilen schreibe. Sieht man von den ersten drei Zahlen ab, die für Paris stehen, ist unsere Telefonnummer in den letzten 87 Jahren die gleiche geblieben.

Der Beginn dieses Berichts lässt vermuten, mein Leben habe im Zeichen der Stabilität gestanden. Dem war keinesfalls so. Wir lebten nur sieben Jahre in der Rue des Marronniers. Mein Bruder Jacques kam am 9. Oktober 1927 zur Welt. Am 21. Mai hatte meine mit ihm schwangere Mutter vom Fenster ihres Zimmers aus, das nach Westen ging, die *Spirit of Saint Louis* ankommen sehen, Lindberghs Flugzeug, mit dem er am Vorabend von New York aufgebrochen war und als Erster den Atlantik ohne Zwischenstopp in 33 Stunden überquert hatte, er sollte in Le Bourget landen. Meine Mutter glaubte, dass der Geschmack, den mein Bruder später an allem fand, was mit dem Fliegen zu tun hatte, eng damit zusammenhing, dass er – wenn auch als Embryo – Zeuge einer derartigen Großtat gewesen war.

Vom Balkon des fünften Stockwerks aus, der vor den Zimmern verläuft, die auf die Rue des Marronniers hinausgehen, sah man die Seine, die unterhalb der waldigen Hügel von Meudon einen großen Bogen beschrieb. Nur wenige Autos parkten in der Straße, die in beide Richtungen befahren werden durfte. Man hörte regelmäßig das Trotten der Pferde, die die Lieferwagen zogen; sie brachten uns Kohle für das Heizen des Küchenherds. Sie lieferten Holz, denn die Wohnungen hatten in der Zeit in einigen Zimmern noch offene Kamine. Das Holz und die Kohlen wurden im Keller gelagert und jeden Tag über die Hintertreppe hinauf in die Wohnungen gebracht. Vergessen wir nicht den Wagen des Eislieferanten, der uns jeden Morgen mit einer Stange Eis belieferte, die er auf seiner von einem groben Leinensack geschützten Schulter hinauftrug. In Europa gab es noch keine elektrischen Kühlschränke. Man kann sich heute nur schwer das Kommen und Gehen vorstellen, das auf den Hintertreppen zwischen Keller und Küche herrschte. Damals erfüllten diese Orte eine wichtige Funktion und wurden gut instand gehalten.

Ein bürgerlicher Haushalt wie der meiner Eltern brauchte Dienstpersonal. Wir hatten eine Köchin und ein Zimmermädchen, die in den Dienstbotenzimmern schliefen. Eine englische Zugehfrau kümmerte sich um die Kinder. Sie ging mit ihnen jeden Tag im *Jardin du Ranelagh* spazieren, brachte sie in die Schule und zu den Klavierstunden, unterrichtete sie in Englisch. Sie wohnte im Viertel und ging abends zu sich nach Hause.

Bei meinen Großeltern mütterlicherseits in Saint-Cloud

Donnerstags und an den Wochenenden wurden die Kinder zu den Großeltern mütterlicherseits gebracht, die in einem Sandsteingebäude aus dem Anfang des Jahrhunderts, umgeben von einem ein Hektar großen Garten, wohnten, Rue du Mont-Valérien 40 in Saint-Cloud, genau oberhalb der *Gare du Val-d'Or*. Von dem vierstöckigen Haus aus sah man den Nordwesten von Paris über die Rennbahn von Longchamp hinaus. Auf die Terrasse in der obersten Etage hatten meine Großeltern ein Fernrohr gestellt, durch das wir die Rennen genauso deutlich verfolgen konnten wie heutzutage im Fernsehen. Ebenso konnte man nachts die Mitteilungen lesen, die als leuchtende Zeichen auf dem Eiffelturm erschienen. Dieser Panoramablick auf die Pariser Innenstadt verzauberte meine frühe Kindheit. Ich liebte den Garten, der Früchte und Blumen im Überfluss hervorbrachte.

Samstagmorgens holte mein Großvater mich nach der Arbeit in seinem Büro in der Rue Étienne Marcel mit seinem Panhard oder seinem Buick ab, der von einem tschechischen Chauffeur gefahren wurde. Ich könnte den Inhalt unserer Plaudereien nicht wiedergeben, aber ich sehe noch die in Silberpapier gewickelte Rolle vor mir, die mein Großvater aufriss, um mir eine weiße Pastille in Form eines Rettungsrings, *life-saver* genannt, zu geben, deren Wintergrün-Aroma mir im Gedächtnis geblieben ist. Kaum waren wir in Saint-Cloud angekommen, umfing Nanny mich mit ihrer Zärtlichkeit. Das Zimmer der Enkel befand sich im zweiten Stock neben dem von Onkel Georges, von Nanny, dem der Gäste und dem Wäschezimmer. Die Großeltern bewohnten den ersten Stock. Wir, die Kinder, besuchten sie morgens gegen zehn Uhr,· während meine Großmutter ihr Frühstück im Bett einnahm und dabei dem Haushaltsvorsteher sowie dem Chauffeur ihre Instruktionen gab. Sie führten ein sorgenfreies Leben, empfingen viele Gäste, auf amerikanische Art, führten ein *open house*. Meine Großmutter, klein und dicklich, trieb keinen Sport, sie spielte Bridge. Mein Großvater war introvertierter und liebte Schach. Er brachte mir die Regeln bei und glaubte, dass ich mit meinen vier Jahren alt genug dafür war. Eines Tages griff ich mir mitten in einer Partie das Schachbrett und stürzte alle Figuren um. Er konnte seine Enttäuschung nicht verbergen, ich bedauerte meine Tat sofort, denn ich liebte ihn sehr. Bei seinem Tod im Jahr 1931 empfand ich das erste Mal Trauer.

Nach dem Tod meines Großvaters nahm meine Großmutter ihre Mutter, die in den USA lebte, zu sich in dieses große Haus in Saint-Cloud. Meine Urgroßmutter, die schon erblindet war, kam gerne, denn sie sehnte sich danach, ihre Enkel und Urenkel näher kennenzulernen. Bis zu ihrem Tod im Jahr 1938 lebte sie im ehemaligen Zimmer meines Großvaters, das für mich und andere zum Ort einer täglichen guten Tat wurde. Die alte Dame brauchte Gesellschaft. Der nachmittägliche Besuch einer Vorleserin allein reichte nicht aus, um sie zu zerstreuen. Klein und dicklich wie ihre Tochter, hatte sie Probleme mit dem Laufen. Ich kann mich nicht daran erinnern, ihr viele Dinge erzählt zu haben, aber ich begriff schnell, dass man sie reden lassen musste, ihr zuhören. Die Konversionen und die Hochzeiten zwischen Juden und Nicht-Juden beunruhigten sie sehr. Daher verschwiegen wir ihr die, die in unserer eigenen Familie und in der näheren Bekanntschaft stattfanden. In dieser Zwischenkriegszeit entfernten sich die jungen Leute von den religiösen Traditionen. Die Scheidungen schockierten meine Urgroßmutter. Die Psychoanalyse, bei der viele Menschen aus der Generation meiner Mutter Hilfe suchten, erschien ihr lächerlich.

An der frischen Luft

Nach seiner Rückkehr aus Fernost fand mein Vater eine Stelle als
Direktor der französischen Filiale einer amerikanischen Firma,
der Blaw-Knox, die Stahlverkleidungen für die Herstellung von
Leitplanken und andere öffentliche Bauaufträge ausführte. Er war
also Angestellter und musste an den Wochenenden nicht arbeiten.
Der freie Samstag war zu der Zeit noch nicht die Regel, sondern
gehörte zu den Privilegien, die die amerikanische Firma einge-
führt hatte. Mein Vater kam bald auf die Idee, seine Familie auf
dem Land unterzubringen und jeden Freitagabend dazuzukom-
men, denn er liebte das Leben an der frischen Luft. Meiner Meinung nach erhoffte er sich so auch eine größere eheliche Freiheit.
Wie dem auch sei, meine Mutter stellte sich dem nicht entgegen
und 1934 erwarben meine Eltern das *Château de Vouzay*, fünf
Kilometer westlich von Bourges.

Es handelte sich um einen kleinen Herrensitz aus dem 17. Jahrhundert, das Hauptgebäude mit Satteldach hatte an der linken
und an der rechten Seite einen viereckigen Turm und nahm die
eine Seite des Innenhofs ein, an den anderen drei Seiten standen
die Wirtschaftsgebäude. Westlich des Hauptgebäudes erstreckte

sich ein englischer Landschaftspark von einem Hektar; nördlich der Wirtschaftsgebäude war ein Gemüsegarten, ein weiterer Gemüsegarten lag neben der Remise im Süden. Das Geflügel und die Hasen waren im Wirtschaftsgebäude an der Ostseite des Hofes untergebracht. Dahinter erstreckten sich der Hühnerhof, die Wiesen, der Obstgarten. Die Mauer, die den Park und den Gemüsegarten im Norden umschloss, lief am *Canal de Berry* entlang, der seinerseits parallel zur Yèvre verläuft, die in den Cher mündet. An beiden Ufern des Kanals hatte man Treidelpfade für die Maultiere angelegt, die die Lastkähne zogen. Im Westen, hinter der Parkmauer, gab es eine Kneipe und zwei oder drei kleine Häuser, in denen die Arbeiter der Getreidemühle wohnten, die auf der anderen Seite des Kanals lag. Über den Kanal führte eine Zugbrücke, die die Binnenschiffer bedienten, damit ihre Lastkähne durchfahren konnten. Die Strömung der Yèvre trieb das Mühlrad an.

Mein Bruder war sechseinhalb Jahre alt, ich acht. Der Umzug aufs Land bedeutete für uns das Ende der Gouvernantenzeit. Wir wurden am Jungen- bzw. Mädchengymnasium von Bourges angemeldet und aßen mittags auch dort. Jeden Morgen und jeden Abend fuhren wir mit dem Schulbus hin und zurück. Ausnahmsweise nahmen wir auch das Rad und benutzten den Treidelpfad, der kürzer war als die Landstraße. Trotz ihrer Sehschwäche lernte meine Mutter Auto fahren und machte schließlich den Führerschein. An ihrer Seite zitterten wir im Auto vor Angst. Sie beruhigte ihre Beifahrer, indem sie behauptete „nach Gehör" zu fahren, bis zu dem Tag – einige zwanzig Jahre später –, an dem ihr die Polizei von Neu-England, die ihr schon seit einiger Zeit gefolgt war, den Führerschein entzog, weil sie die ganze Zeit auf der linken Straßenseite gefahren war. Ein Gärtner, eine Köchin und ein Zimmermädchen kümmerten sich um Haus und Garten, das reichte aber nicht aus. Daher mussten wir unser Bett selbst machen, bei der Obst- und Gemüseernte helfen. Dann hieß es noch schälen, entkernen, Hülsenfrüchte pulen, harken. Weit davon entfernt, mir zur Last zu fallen, trugen diese gleichmäßig wiederkehrenden Aufgaben zu meiner Freude am Landleben bei.

Von ihrem Naturell, aber auch von der Kultur her – denn sie war Amerikanerin – hatte meine Mutter gern Gesellschaft und lud ihre Freunde und Verwandten zu längeren Besuchen nach Vouzay ein. Auch mein Vater kam freitagabends oft in Begleitung von Freunden und Kollegen. Während der großen Ferien füllte sich das Haus mit Cousins und Kindern von Freunden. Bald schon wurde dies zu einem Streitpunkt zwischen uns und unseren Eltern. Sie luden die Kinder ein, um ihre Freunde für eine kurze Zeit von ihren elterlichen Pflichten zu entlasten, aber wir, mein Bruder und ich, mussten sie dann wochenlang ertragen. Aber einige von ihnen waren schlicht unerträglich. Schließlich gestanden unsere Eltern uns ein Mitspracherecht bei diesen Einladungen zu.

Wir waren eine Horde von fünf oder sechs Kindern, die im frisch eingebrachten Heu tobten. Wir spielten Verstecken in einer Droschke, die mein Vater an den Festtagen aus der Remise holte. Wir stapelten uns auf dem Kutschbock, und mein Vater zog, zwischen die Lenkstangen gespannt, das Gefährt durch die Parkalleen. An heißen Tagen gingen wir zur Yèvre schwimmen, unterhalb der Mühle, in der Nähe einer alten Holzbrücke. An Regentagen zog es uns auf den Dachboden, wo große Koffer mit exotischen Aufklebern Kostüme und Accessoires zum Verkleiden und Theaterspielen für uns bereithielten.

Zu den Cousins, deren Besuch wir ausdrücklich wünschten, gehörten die Kinder meiner Tante Bie aus Brüssel. Sie waren etwas älter als wir, wir bewunderten sie, sie kümmerten sich um uns. Ihre Kindheit war durch den Börsenkrach vom Oktober 1929 geprägt, der ihren Vater, den Oberst de Rudder, ruiniert hatte. Nichtsdestoweniger wollte mein Onkel den Schein wahren, also das Stadthaus in der Rue d'Egmont, das Dienstmädchen, die Privatschulen für die Kinder, luxuriöse Kleidung nicht aufgeben. Da sie ständig Geldsorgen hatten, ließ mein Vater ihnen eine monatliche Pensionszahlung zukommen, die von seinem Gehalt abgebucht wurde. Im Gegenzug schickte uns meine Tante prachtvolle Kleidungsstücke, sobald diese für ihre Kinder zu klein geworden waren. Wir haben zusammen mehrere Sommer im Berry und in De Panne verbracht, an der belgischen Nordseeküste, wo die Eltern an den Wochenenden zu uns stießen.

Im Frühjahr 1936 hatten unsere Eltern uns, meinen Bruder und mich, gefragt, ob wir am Religionsunterricht teilnehmen und getauft werden wollten. In unserer Klasse waren wir jeweils die Einzigen, die keiner Religionsgemeinschaft angehörten, und nicht glücklich über diese Ausnahmesituation. Wir dachten darüber nach und entschieden uns für die Taufe, die in der Kirche Saint-Pierre in Bourges durchgeführt wurde. Tante Nelly, die älteste Schwester meines Vaters, willigte ein, meine Patin zu werden, konnte aber, da sie krank war, nicht an der Zeremonie teilnehmen. Ihre Anwesenheit war im Übrigen auch nicht nötig, denn ich war alt genug, um selbst auf die Fragen des Pfarrers zu antworten. Sie schickte mir ein großes, in Wildleder gebundenes Messbuch, das ich noch lange, über die Jahre meiner religiösen Begeisterung hinaus, behielt. Ich glaube, ich war elf, als ich zur Erstkommunion ging.

Im Herbst 1936 musste meine Mutter sich die Gebärmutter entfernen lassen, daher wurde mein Bruder zur Kräftigung seiner Lunge in die Berge, in ein Landschulheim in Villard-de-Lans, in

der Nähe von Grenoble, geschickt, während ich zu meiner Großmutter mütterlicherseits in ihr Haus in Saint-Cloud kam. Das erste
Trimester der sechsten Klasse absolvierte ich im Mädchengymnasium von Saint-Cloud.

In den Weihnachtsferien 1937 fuhr Maman mit meinem Bruder und mir wegen der frischen Tiroler Bergluft in den kleinen
Ort Obladis im Oberinntal. Das Hotel schickte einen Pferdeschlit-
ten, um seine Gäste am Innsbrucker Bahnhof abzuholen. Während der Fahrt, die in vielen Windungen durch den Wald führte,
steckten wir in Decken gehüllt unter Ziegenfell. Die Hotelgäste,
darunter einige Engländer, fügten sich einem bestimmten Ritual.
Nach dem Skilaufen trafen sie sich in der örtlichen Konditorei,
tranken heiße Schokolade und aßen Kuchen und Sahnetorte. Zum
Abendessen erschien jeder in Abendgarderobe, einige Englände-
rinnen trugen sogar lange Kleider. Davon überzeugt, dass Hitler
Österreich überfallen würde, führten die Erwachsenen melancho-
lische Gespräche, sie hatten den Eindruck, die letzten Stunden
einer zivilisierten Epoche zu erleben.

Die Haltung meines Vaters zur Schulbildung

Auf dem Land sind die Winter lang. Zwischen Allerheiligen und
Ostern hatten wir selten Besuch. Mein Vater nutzte die Zeit, um
uns vom Krieg in den Schützengräben zu erzählen. Tatsächlich
war sein Bedürfnis, darüber zu reden, fast zwanghaft. Schreckli-
che Bilder wechselten sich mit witzigen Anekdoten ab. Aus dich-
tem Nebel hatte sich ein Mann mit Lockenkopf dem Schützengra-
ben genähert, in dem mein Vater und seine Kameraden lagen: ein
deutscher Soldat, der sich verirrt hatte. Mein Vater erklärte uns,
dass man nicht aus nächster Nähe auf einen armen Kerl schießt.
Man gibt ihm einen Schluck Fusel und etwas Tabak und schickt

ihn zurück zu seiner Truppe. Was ist ein Feind? Wir lauschten mit offenem Mund.

Er sprach auch über seine harte Kindheit in Gent, ohne die Tatsache zu dramatisieren, dass ein Kind zwischen seinem sechsten und seinem vierzehnten Lebensjahr arbeiten gehen musste, um etwas zu essen zu haben. Damals war das kein Ausnahmefall. Aber mein Vater konnte nicht umhin, seine Kindheit mit der unseren zu vergleichen. Er wollte uns zu verstehen geben, wie privilegiert wir waren. In seinen Augen war es ein unerhörter Luxus, regelmäßig ein Gymnasium besuchen zu dürfen, am Ende war es vielleicht auch Zeitverschwendung, denn man konnte auch einen Abschluss erwerben, indem man sich ganz allein auf die Prüfungen vorbereitete, wie er es hatte tun müssen.

Doch Fremdsprachen konnte man sich nicht selbst beibringen, das lag am Akzent, den man nur als junger Mensch richtig lernen konnte. Kaum waren wir ins Berry gezogen, da schmiedete mein Vater schon Pläne, wie wir Deutsch lernen und unser Englisch perfektionieren könnten. Einige Wochen in Graubünden, in Klosters bei Davos brachten uns die Rudimente der deutschen Sprache, vor allem die des Schwyzerdütsch, näher und ließen uns die Schule verpassen. Im Sommer 1937 verbrachte ich die Ferien in einer englischen Schule in Eastbourne bei Brighton. Als ich nach Bourges zurückkam, sprach ich wieder fließend Englisch, dessen Gebrauch ich seit Beginn unseres Landlebens ein wenig verlernt hatte, und ich begann auch, es korrekt schreiben zu können. Es wurde beschlossen, in den nächsten Sommerferien Thea bei uns in Vouzay aufzunehmen, die Tochter eines deutschen Ingenieurs, zu dem mein Vater gute Beziehungen hatte. Danach würde ich einige Zeit bei der Familie in Sterkrade bei Oberhausen an der Ruhr verbringen (vgl. die Karte Seite 119).

Der Plan, mich im Jahr 1938 nach Deutschland zu schicken, empörte die Familie meiner Mutter und die meisten Freunde meiner Eltern. Wir waren umgeben von deutschen und österreichischen Flüchtlingen, die von den Nazis verfolgt worden waren und die nur unter größten Schwierigkeiten aus ihren unter Hitlers Joch stehenden Ländern hatten entkommen können. Es erschien allen absolut unvernünftig, ein Kind dorthin zu schicken, das von der Mutter her Jüdin war. Meine Mutter teilte meinem Vater den Protest unserer Verwandten und Freunde mit, die ihn baten, von diesem unseligen Plan abzusehen. Mein Vater war unerbittlich. Als Belgierin sei ich vor den Deutschen sicher, für mich sei es höchste Zeit, eine dritte Sprache zu lernen. Mein Vater war schon mehrmals in Oberhausen gewesen. Die Direktoren der Gutehoffnungshütte, einem Stahlwerk, das Ende des 19. Jahrhunderts gegründet worden war, hatten ihn um seinen Rat gebeten. Es ging um Metallverkleidungen, für die mein Vater Spezialist war. Die Ingenieure, mit denen er zu tun hatte, behandelten ihn mit Respekt und vertraten keine nationalsozialistischen Auffassungen. Mein Vater war der Meinung, nicht alle Deutschen seien Nazis. Er hatte nicht Unrecht, aber er konnte die Ohnmacht und die Passivität der Deutschen, die keine Parteigänger Hitlers waren, nicht ermessen.

Im September 1938 vertraute mein Vater mich dem Ehepaar Scharnow an. Die Familie lebte in einem Einfamilienhaus in Sterkrade, einer kleinen Schlafstadt in dem Teil des Ruhrgebiets, der so stark industrialisiert war, dass man dort vergeblich nach einem Stück Land suchte. Für ihre Tochter Thea, die einen Monat bei uns im Berry verbracht hatte, gingen die Schulferien zu Ende. Ich bekam die Erlaubnis, an ihren Schulstunden teilzunehmen, und nahm jeden Morgen mit ihr die Straßenbahn zum Gymnasium nach Oberhausen. Auch wenn ich die Sprache ein wenig verstand, konnte ich kaum Deutsch sprechen, und es war mir unmöglich, die von den Nazis zu der Zeit noch als deutsche Schrift propagierte Sütterlinschrift zu lesen. Es war eine brutale, aber keine traumatisierende Initiation, denn Schüler und Lehrer zeigten sich mir gegenüber sehr wohlwollend.

Mein Aufenthalt ging dem Ende zu, als die Sudetenkrise ausbrach. Um sie zu lösen, trafen sich die Vertreter Frankreichs (Daladier), Englands (Chamberlain), Italiens (Mussolini) und Deutschlands (Hitler) am 29. September in München. Seit zwei Tagen kursierten Gerüchte, es würde zum Krieg kommen, wenn die Verhandlungen scheiterten. Höchst beunruhigt, erklärte Doktor Scharnow, der Vater von Thea, ich könne nicht einen Tag länger bleiben. Man drohte mit dem Schließen der Grenzen. Er, der den Krieg 1914–18 in Deutschland erlebt hatte, konnte sich nicht vorstellen, im Fall eines bewaffneten Konflikts eine Person zusätzlich zu ernähren. Da wir ohne Nachricht von meinem Vater waren und mehrere Verwandte und Freunde Telegramme geschickt hatten, die mich drängten, um jeden Preis zurückzukommen, packte Doktor Scharnow seine Frau, Thea und mich ins Auto und fuhr mit uns nach Köln, zum Sitz des belgischen Konsulats für diesen Teil Deutschlands. Der Konsul verstand die Situation; er schlug vor, mich der belgischen Gesandtschaft aus Berlin zu übergeben, die Order bekommen hatte, nach Brüssel zurückzukehren, und später am Tag mit dem Zug durch den Kölner Hauptbahnhof kommen sollte. Meine Lage war heikel: Ich war zwölf Jahre alt und hatte keinerlei Ausweispapiere. Der Bahnhof war menschenleer. Wir setzten uns auf eine Bank auf einem leeren Bahnsteig. Nach einer ziemlich langen Zeit des Wartens kündigte eine Stimme aus dem Lautsprecher einen Zug aus Brüssel an. Er war leer und rollte langsam näher, wie ein Geisterzug, dann hielt er. Kurze Zeit später öffnete sich die Tür des hinteren Wagens. Ein einzelner Reisender stieg aus. Ich erkannte meinen Vater. Er begrüßte uns, dann umarmte er mich, als ob es völlig normal wäre, sich hier zu treffen, obwohl wir gar nicht verabredet gewesen waren. Die Angst muss mir im Gesicht gestanden haben. Mein Vater sagte zu mir: „Du wusstest doch, dass ich dich holen würde, warum siehst du so beunruhigt aus?" Unsere deutschen Freunde, die sehr erleichtert waren, nicht mehr für mich verantwortlich zu sein, fuhren nach Hause zurück. Mein Vater und ich warteten auf den Zug aus Berlin, der uns nach Brüssel zurückbrachte. Niemals werde ich vergessen, wie wir mit diesem Zug, der mit nur zehn Stundenkilometern fuhr, die Grenze überquerten. Auf den Hausdächern richteten Soldaten ihre Maschinengewehre in Richtung Zug, an allen Brückenköpfen, an den Ein- und an den Ausfahrten der Bahnhöfe wiederholte sich diese Szene. Am Abend des 30. erfuhren wir, dass die Gespräche erfolgreich beendet worden waren, der Krieg hatte noch einmal aufgeschoben werden können. Am nächsten Morgen kamen wir in Paris an der *Gare du Nord* an. Das Taxi, das uns zur *Gare d'Orsay* brachte, musste an der *Place de la Concorde* halten, um eine offizielle Fahrzeugkolonne durchzulassen. Es war Édouard Daladier in einem offenen Wagen, der gerade aus München zurückgekehrt war und von der Menge beklatscht wurde. Ich war um Jahre gealtert.

Meine Eltern als Ehepaar

Die Rückkehr in die Quarta des Gymnasiums brachte mich auf andere Gedanken. Ich erhoffte mir ein ruhiges, mit Lernen ausgefülltes Leben. Doch es kam anders, meine Eltern stritten sich. Mein Vater warf meiner Mutter vor, das Haus in Vouzay nicht in Ordnung zu halten. In Wahrheit konnte sie so schlecht sehen, dass sie ungeschickt wurde; sie hatte sich noch nie wirklich für die Hausarbeit interessiert. Abgesehen vom Stricken wusste sie mit ihren Händen nichts anzufangen. Sie las viel, schrieb gerne – sie hat ein Buch übersetzt, *Le Mariage sans chaîne* von Ben B. Lindsey (dt.: *Die Kameradschaftsehe*) –, konnte sehr unterhaltsam erzählen. In ihrer Jugend hatte sie sich wegen ihrer dicken Brillengläser hässlich gefühlt und geglaubt, nie einen Mann zu finden, *men don't make passes to girls who wear glasses* (Männer flirten nicht mit Mädchen, die Brillen tragen). Als sie mit zweiundzwanzig Jahren heiratete, erschien ihr das wie ein Märchen. Deshalb war sie bereit, einem Ehemann viel durchgehen zu lassen. Mein Vater war flatterhaft und launisch. Er hatte wenig Verständnis für die Fehler meiner Mutter. Abgesehen von ihren Unzulänglichkeiten als Hausfrau und als Köchin besaß sie eine Unbekümmertheit in finanziellen Dingen, die meinen Vater ärgerte. Bei ihren Eltern hatte sie ein finanziell sehr sorgloses Leben geführt. Seit dem Tod ihres Vaters wurde ihr Teil des Erbes bis zum Tod ihrer Mutter, die das Nutznießungsrecht hatte, als Treuhänderdepot geführt. Mir, die ich sie ihre Verachtung für Geld äußern hörte, der sich zudem noch Sympathie für die kommunistischen Ideen einiger intellektueller Freunde beimischte, wurde bewusst, dass ihr jegliches Urteilsvermögen fehlte, dass sie die echte Armut derjenigen, die keinerlei Rückhalt hatten, noch nicht einmal erahnen konnte. Mein Vater gewöhnte sich nie daran, sie das so hart verdiente Geld aus dem Fenster werfen zu sehen. Ohne irgendeinen Groll gegen ihn zu äußern, erduldete sie stumm seine Untreue, seine fehlende Zärtlichkeit. Kaum war er zu einer Reise aufgebrochen, schrieb sie ihm Liebesbriefe. Wenn er zurückkam, fand sie in seinen Taschen ihre ungeöffneten Briefe.

Um ihr Eheleben, das sich im Laufe der Jahre verschlechterte,

zu ertragen, begann meine Mutter um 1936 herum eine Psychoanalyse bei Doktor René Laforgue. Dazu musste sie nach Paris fahren und noch am selben Tag zurückkommen. Da sie nur zwei Sit-
zungen pro Woche hatte, ging sie bis 1939 zur Psychoanalyse. Alle
ihre Freundinnen ließen sich analysieren. Wenn sie sich während
der Ferien bei uns trafen, schnappte ich manchmal einige
Gesprächsfetzen auf: Es ging immer nur um die Analyse-Sitzun-
gen, um die Beziehung zu ihrem Therapeuten. Wie schon gesagt,
gingen auch ihre Cousinen Margarethe und Marianne, die Töchter
von Doktor Oskar Rie, zur Psychoanalyse. Nach dem Anschluss
Österreichs 1938 wanderten sie mit ihren Ehemännern über London nach New York aus. Zur Zeit des *Front populaire* arbeitete
mein Vater für *La Flèche*, eine sozialistisch ausgerichtete Pariser
Wochenzeitung. Er veröffentlichte dort Artikel zur Wirtschaftspolitik. Die Redakteure Louis-Émile Galey, Georges Izard, Gaston
Bergery und andere wurden seine Freunde und waren häufig in
unserem Haus im Berry zu Gast. Mein Vater veröffentlichte zwei
Bücher: *La postérité s'impatiente* (Die Nachwelt wird ungeduldig)
und *Le siècle dépose son bilan* (Das Jahrhundert zieht Bilanz), in
denen er die wirtschaftlichen Verhältnisse in Frankreich kritisier-
te und utopische Lösungsvorschläge machte. Ich habe die Bücher
vor mehr als einem halben Jahrhundert gelesen, sie erschienen
mir verrückt. Sie hatten keine durchschlagende Wirkung; ich
habe sie seitdem nie erwähnt gesehen.

Zum Ende seines Harvard-Jahres hatte mein Vater auf Englisch ein knappes Buch mit dem Titel *Business Organization* ver-
öffentlicht. Eines Tages besuchten ihn einige russische Ingenieure, die auf der Durchreise in Paris Station machten, und erzählten
ihm, das Buch sei ins Russische übersetzt und in allen Industrie-
betrieben der UdSSR verteilt worden. Die sowjetische Botschaft,

bei der er sich nach seinen Autorenrechten erkundigte, teilte ihm mit, dass in der Tat eine ziemlich große Summe in Rubeln auf ihn wartete, dass er dieses Geld aber nicht aus der UdSSR ausführen könne, er müsse es vor Ort ausgeben.

Vertragsunterzeichnung in Deutschland

Schon seit einiger Zeit hatte mein Vater keine Lust mehr, für immer denselben Arbeitgeber zu arbeiten, mit dem er sich nicht mehr gut verstand. Als die Direktoren der Gutehoffnungshütte ihm 1938 ganz konkrete und sehr verlockende Vorschläge machten und ihn einluden, für zwei Jahre als beratender Ingenieur bei ihnen zu arbeiten, sprach mein Vater darüber mit meiner Mutter und mit uns, seinen Kindern. Er machte geltend, dass wir Deutsch lernen würden, dass wir danach in Russland die dort liegenden Rubel ausgeben könnten und auch dort die Sprache erlernen und wunderbare Pelzmäntel kaufen würden. Seine Begeisterung war nicht ansteckend. Wir führten einen möglichen Krieg mit Deutschland an. Mein Vater war Pazifist. Er argumentierte: „Jeder, der den Krieg 1914–18 erlebt hat, sei er Deutscher oder Alliierter, wird niemals wieder ein solches Blutbad geschehen lassen." Als wir sagten: „Aber Mama ist Jüdin, wir können uns nicht einfach in die Höhle des Löwen begeben", antwortete er: „Wir sind Belgier, die Deutschen können uns nichts anhaben." Die Familie, die Freunde redeten auf ihn ein, von seinem Entschluss Abstand zu nehmen. Nichts half. Maman wollte sich einem Umzug nach Deutschland nicht verweigern, denn er drohte, die Kinder ohne sie dorthin mitzunehmen. Aus Verzweiflung pokerte meine Mutter sogar. Sie würde unter einer Bedingung zustimmen, ihm zu folgen: Er müsse seinen deutschen Partnern die jüdische Herkunft seiner Frau offenbaren. Mein Vater willigte ein. Meine Mutter hegte die verrückte Hoffnung, die Deutschen würden, wenn sie einmal Bescheid wüssten, von dem Plan, uns nach Deutschland zu holen, zurücktreten. Sie nahmen die Information zur Kenntnis, ohne etwas an ihrem Vorschlag zu ändern.

|||| In Wesel, einer Kleinstadt am Rhein

Maman beugte sich. Unsere völlig konsternierte Umgebung versuchte vergeblich, meinen Vater zur Vernunft zu bringen. Hitler verhehlte seine Absicht, Europa zu erobern, nicht. Der Krieg schien unvermeidlich. Die deutschen Truppen marschierten am 15. März 1939 in Prag ein. Nachdem wir für einen zweijährigen Aufenthalt gepackt hatten – Kleidung für den Winter, Kleidung für den Sommer, für den Schnee, für den Strand –, fuhren wir zu Tode betrübt Ende März ab. Wir verließen ein Haus, an dem wir sehr hingen, dessen Geheimnisse und dunkle Ecken wir liebten, in Richtung eines beunruhigenden Ziels. Tatsächlich sollte es für immer sein.

Es war vereinbart, dass Maman, mein Bruder und ich in Wesel wohnten, einer kleinen Stadt am rechten Rheinufer, kurz vor der holländischen Grenze bei Kleve, Sitz des legendären Schlosses Elsas von Brabant, der Verlobten Lohengrins. Wesel lag mitten auf dem Land, aber nicht weit vom Ruhrgebiet entfernt, wo mein Vater arbeiten sollte. Sein Besuchsrhythmus wäre also derselbe wie in Frankreich: Er würde die Samstage und die Sonntage mit uns verbringen. Wir wohnten bei einer Frau Weihrauch, die ein kleines Häuschen mit Garten besaß; sie kochte auch für uns.

Kaum waren wir angekommen, mussten wir auch schon in die Schule gehen, mein Bruder auf ein Jungen-, ich auf ein Mädchengymnasium. Zur Probe kam ich in die Klasse, die meinem Alter entsprach. Ich war, versteht sich, die einzige Ausländerin. Ein einziger meiner Lehrer war schon einmal für einen längeren Aufenthalt außerhalb des Deutschen Reichs gewesen, der Englischlehrer. Die meisten anderen standen völlig hilflos vor dieser Schülerin, die ihre Sprache nur schlecht verstand – als ob die ganze Welt Deutsch beherrschen müsste. Ich brauchte sehr viel Zeit, um einen Text zu entziffern, und noch mehr, um ihn zu lernen. Ungenügend in ,Aufsatz', ungenügend in ,Diktat', ungenügend in ,Vortrag'. Auf der französischen Schule hatte ich gute Noten gehabt, und es wurmte mich, die Schlechteste in der Klasse zu sein.

Seit drei Jahren, seit Beginn der Sexta, gab mein Vater mir sonntags Unterricht in Geometrie und Algebra; an den Stunden nahm auch mein achtzehn Monate jüngerer Bruder teil. Mein Vater liebte die Mathematik, es lag ihm viel daran, uns diese Begeisterung weiterzugeben. Seiner Meinung nach wurde dieses Fach in den Schulen falsch unterrichtet. Wir waren fasziniert. Sein Unterricht hatte nichts mit dem zu tun, was wir in der Schule lernten. Seine Bilder waren brillant, seine kurzen Wege packend, aber alles verstanden wir nicht. Mein Vater ging zum nächsten Kapitel über. Ich lernte einen Rechenschieber zu benutzen, ich lernte die Logarithmen und die Grundlagen der Differentialrechnung. Ich sagte mir, egal, wenn ich nicht alles verstehe, Hauptsache, ich komme in der Schule mit.

Im Rückblick erkenne ich, dass seine Einführung in die Mathematik mich gerettet hat. Bei den Lehrern, deren beste Schülerin ich war, und bei den Schülern, die Respekt vor mir bekamen. Die Methode meines Vaters hatte darin bestanden, im Vorhinein in

meinem noch unreifen Gehirn alle Blockaden zu lösen, die dieses
Fach hervorrufen kann.

Im Mathematikunterricht, in den Englischstunden, in denen
ich natürlich besser war als die anderen, und im Zeichnen lebte
ich auf. Im Übrigen plagte ich mich, litt und lernte nebenbei, ohne
es zu merken, Deutsch. Als der Monat Juli kam, verkündeten mir
die drei Lehrer, die mit mir zufrieden waren, dass sie mich erfolgreich verteidigt hätten und ich endgültig in die Klasse aufgenom-
men sei.

In Deutschland endete die Schule mittags so gegen halb zwei,
außer samstags und sonntags. Man hatte also den Nachmittag frei,
um Sport zu treiben oder sich künstlerisch zu betätigen. Mit dem
Rad, denn ein Auto hatte sie nicht, begleitete Maman uns zum
Tennis oder zum Reiten aufs Land. Ich mochte die Schönheit dieses flachen Landes, dieses weiten Himmels, den der Rhein bis ins
Unendliche widerspiegelte. Ich hatte keine Freunde, Maman auch
nicht. Mein Vater lud Tante Bie und ihre Kinder im Sommer 1939
für einige Wochen zu uns ein. Zusammen machten wir eine Boots-
fahrt auf dem Rhein. Von Bad Godesberg südlich von Bonn aus
fuhren wir den Fluss, der schmaler und dessen Ufer steiler wurden, bis nach Koblenz hinauf. In den entzückenden Örtchen an
den Rheinufern machten wir Halt, zu Fuß oder auf dem Esel
erklommen wir die Berge und besichtigten die Burgen hoch über
dem Tal. Wir fuhren unter dem Felsen vorbei, von dem aus die
blonde Lorelei die Schiffer verführte. Den August verbrachten wir
dann am Steinhuder Meer bei Hannover. Wir schwammen und
lernten segeln. Auf dem ruhigen Wasser dieses Sees habe ich die
letzten sorglosen Tage meiner Kindheit verbracht.

Tante Bie, Claire und Léon mussten Ende August zurück. Wir
begleiteten sie bis Wesel, von wo aus sie nach Köln und dann wei-

ter nach Brüssel fuhren. Die Spannung zwischen Deutschland und den Alliierten wuchs. In Wesel erklärte ich Maman, dass wir nicht in Deutschland bleiben konnten, dass wir uns wenigstens nach Brüssel zurückziehen sollten, um nicht Gefahr zu laufen, mitten im Feindesland in der Falle zu sitzen. Meine Tante, die meine Überlegungen teilte, lud uns ein, bis zur Rückkehr meines Vaters aus Frankreich, wo dieser sich Ende August aufhielt, bei ihr in Brüssel zu wohnen. Sollte die Situation sich beruhigen, könnten wir immer noch nach Deutschland zurückkehren. Maman willigte schließlich ein, Wesel ohne die Zustimmung ihres Mannes zu verlassen. Wir packten in aller Eile die Koffer und waren am 1. September, als die Wehrmacht in Polen einfiel, in Brüssel. Am 3. September erklärte England, dann Frankreich Deutschland den Krieg. Belgien blieb neutral.

||||| Rückzug nach Brüssel

Tante Bie und Onkel Léon wohnten mit ihren Kindern in einem schmalen mehrstöckigen Stadthaus in der Rue Egmont 3 in Brüssel, in einem dieser engen Gebäude, bei dem jedes der vier Stockwerke nur drei Zimmer hatte. Unsere waren im dritten Stock.

Mein Vater war ziemlich missgelaunt, weil die Ereignisse und unser eigenmächtiger Entschluss, Wesel zu verlassen, seine Pläne durchkreuzt hatten, und erklärte uns, er könne seinen Vertrag nicht einfach brechen, denn so verdiene er schließlich unseren Lebensunterhalt. Er würde also ohne uns nach Deutschland zurückkehren und uns im ersten Schultrimester alle drei bis vier Wochen in Brüssel besuchen, dann würden wir weitersehen. Überzeugt davon, dass es sich um einen kalten Krieg handelte, ohne Kämpfe, ohne Tote, der nur wenige Monate dauern würde, kehrte er ins Ruhrgebiet zurück.

Wir wurden an den Schulen angemeldet, die auch unsere Cousins besuchten. Ich kam in die Quarta am *Collège du Sacré-Cœur*. Alles kam mir leicht vor, denn ich hatte schon zwei Trimester lang die Quarta am Gymnasium in Bourges besucht und hatte hier nicht mehr mit der deutschen Sprache zu kämpfen. Aber ich musste Flämisch lernen. Ich hatte überhaupt keine Ahnung von dieser

Sprache. Ich kombinierte Deutsch, seine Syntax und seinen Wort-
schatz mit Englisch, dessen Kenntnis man mir ja erst vor Kurzem
bestätigt hatte, und schlug mich recht ehrenhaft. Wie in Wesel
stellte die Ordensschwester, die den Mathematikunterricht erteil-
te, fest, dass ich ihre Ausführungen immer als Erste verstand. Sie
bat mich, zwei oder drei Klassenkameraden, die nicht so gut mitkamen, Nachhilfe zu geben.

Mein Vater, der seinen Arbeitsvertrag in Deutschland korrekt
erfüllen wollte, besuchte uns einmal im Monat in Brüssel. Im
Ruhrgebiet gab es genug zu essen, Tabak und Alkohol, der Kaffee
aber fehlte. In Belgien konnte man ihn problemlos kaufen, aber
eine deutsche Bestimmung untersagte seine Einfuhr. Bei einem
seiner Besuche kam mein Vater auf die Idee, in Brüssel eine Eisen-
kiste anfertigen zu lassen, die er dann bei seiner Rückkehr nach
Deutschland unter der Sitzbank verstecken würde. Er hatte exakt
Maß genommen: etwa 70 cm x 40 cm x 10 cm. Er füllte die Kiste
mit ungefähr zehn Kilo Röstkaffee, drückte den Deckel ganz fest
zu, damit der Geruch sie nicht verriet, und schob die Kiste unter
die Bank des Nachbarabteils. In Köln wartete er, bis die Reisenden
ausgestiegen waren, holte seine Kiste und stieg um.

Ende November 1939 erklärte mein Vater uns bei seinem
Besuch in Brüssel, er werde nicht ewig hin und her pendeln und
allein in Deutschland leben. Die Lage verändere sich nicht. Daher
sollten wir uns darauf vorbereiten, ihm über den Rhein zu folgen.
Er würde Weihnachten bei der Familie verbringen und uns dann
nicht mehr nach Wesel, sondern nach Düsseldorf mitnehmen. Ein
kulturelles Zentrum wie diese Stadt würde meinem Bruder und
mir als Heranwachsenden sicherlich besser entsprechen. Ich weigerte mich, führte an, dass wir dann in Feindesland seien, dass
Maman Jüdin sei, kurz, dass ich Angst hätte. Er fand mich hyste-

risch und bot mir an, alleine in einem Internat in Brüssel zu bleiben. Da gab ich nach, denn der Gedanke, von Maman getrennt zu
werden, erschien mir erst recht jetzt in der Krise unerträglich.

| | | | | | Zurück in Deutschland

Ganz in der Nähe der Altstadt von Düsseldorf, der Geburtsstadt
Heinrich Heines, lag an einer Seite des Hofgartens das Parkhotel.
Die Königsallee, eine Flaniermeile, die man mit den Champs-Élysées vergleichen kann, fängt vor dem Hotel an, das nur ein paar
Schritte von der Kunstakademie und dem rechten Rheinufer entfernt liegt. Mein Vater hatte dort zwei Zimmer reserviert. Wir
kamen an Silvester, dem Vorabend des Jahres 1940, an. Innerhalb
weniger Tage fanden meine Eltern eine ansprechende Familien-
pension in der Feldstraße 59, in einem Wohnviertel an der anderen Seite des Hofgartens. Sie wurde von der Familie Bisges
geführt. Der Vater war Metzger und für die Nahrungsmittel
zuständig, die Mutter kochte für ein gutes Dutzend Pensionsgäste
und wurde dabei von ihrer Tochter unterstützt. Alle drei waren
ziemlich füllig. Unsere Zimmer lagen im zweiten Stock. Die Pensionsgäste aßen rund um einen großen, ovalen Tisch, der im Esszimmer im Erdgeschoss stand. Wie oft in den frei stehenden Häu-
sern im Rheinland, ging das Wohnzimmer Richtung Straße, die
Küche und das Esszimmer, an das sich ein Wintergarten
anschloss, Richtung Garten. Im Wintergarten standen drei oder
vier Grünpflanzen, dazwischen ein Radio von der Größe eines

heutigen Fernsehers. Hitler und Goebbels, um nur diese beiden zu nennen, sprachen regelmäßig zur Hauptsendezeit, und ihre Reden wurden auf allen Sendern des Reichs übertragen. Es kam vor, dass man eine ganze Mahlzeit lang stumm das Gewehrfeuer der Nazi-propaganda über sich ergehen lassen musste. Die Pensionsbesitzer waren vorsichtig und äußerten ihre Meinung nicht. Die Pensions-gäste offenbarten ihre Gedanken erst im Laufe der Monate. Bei ihnen handelte es sich um alleinstehende Männer, für die wir eine Abwechslung darstellten. Da Deutschland vor dem Krieg keine Fremden anzog, erschien ihnen unsere Gegenwart ebenso exo-tisch wie unsere Art, Deutsch zu sprechen. Maman hatte in ihrer Jugend die Sprache ihres Vaters während der Ferien bei ihren Onkeln und Tanten in Österreich gelernt. Ohne auf die richtigen Fälle und Artikel zu achten, sprach sie fließend genug, um sich richtig mit den Pensionsgästen unterhalten und ihre Einstellun-gen herausfinden zu können.

Wie in Wesel hatte ich vormittags Schule und immer noch Schwierigkeiten, die Frakturschrift zu lesen und zu schreiben, deutsche Texte auswendig zu lernen. Wie in Wesel glich ich diese Schwächen mit Mathe, Zeichnen und Englisch wieder aus. Doch die Lehrer und die Eltern waren weniger provinziell. Einige waren gereist. Man lud mich zum Kaffeetrinken ein, ich schloss Freund-schaft mit einigen Schulkameradinnen. Weil ich so gern zeichne-te, meldeten meine Eltern mich in der Kunstschule Carp an, deren jüngste Schülerin ich war. Dreimal in der Woche hatte ich Unter-richt. An einer Staffelei stehend zeichnete ich Porträts oder Körper in Bewegung nach Modellen, Männern, Frauen oder alten Leuten, die nackt auf einem Podium in der Mitte des Ateliers posierten. Der Lehrer, ein Mann von ungefähr fünfzig, der leicht hinkte, kommentierte die Arbeit eines jeden Schülers, gab ihm Ratschläge. Ich benutzte Kohle, später probierte ich Aquarellfarben aus. Beim Zeichnen nach der Natur lernte ich, genau hinzusehen.

Wir lebten seit etwas mehr als drei Monaten in Düsseldorf, als die Deutschen Dänemark besetzten und am 9. April 1940 Norwegen angriffen. Am Sonntag darauf sagte unser Vater bei einem Familienausflug an den Rhein zu uns, man käme bis nach Basel, wenn man den Fluss hinaufführe, es sei vielleicht an der Zeit, Unterschlupf in der Schweiz zu suchen. Ich war wie vom Blitz getroffen. Mein Vater hatte soeben zugegeben, dass er sich geirrt hatte. Er gab uns zu verstehen, dass er darüber nachdachte, Deutschland zu verlassen.

Die Verhaftung meines Vaters

Am Vormittag des 10. Mai 1940 kamen die beiden Ingenieure, mit denen mein Vater zusammenarbeitete, in die Feldstraße zu meiner Mutter. Sie teilten ihr mit, mein Vater, der, seitdem die Deutschen belgischen Boden betreten hätten, als Feind gelte, sei am frühen Morgen von der Polizei verhaftet und ins Gefängnis gebracht worden. Meine Mutter wollte sofort etwas unternehmen, um ihn zu befreien. Die Ingenieure rieten ihr aber, sich angesichts ihrer jüdischen Herkunft ruhig zu verhalten. Mein Vater würde kein Gehalt mehr bekommen, da er nicht mehr zur Arbeit gehen konnte. Die Direktion der Gutehoffnungshütte bewilligte meiner Mutter allerdings eine kleine Zuwendung, die zwar für den Lebensunterhalt reichte, aber nicht, um die Unterkunft der Familie zu bezahlen.

Meine Mutter wusste, dass sie nur zwei Pfeile im Köcher hatte. Sie sprach, las und schrieb perfekt Englisch und Französisch. Daher bot sie der Berlitz School ihre Dienste an. Mehrere Lehrer waren eingezogen worden, man nahm meine Mutter zur Probe an. Bald gab sie bis zu zehn Stunden Unterricht am Tag und kam abends völlig erschöpft nach Hause. Dank ihrer Arbeit konnten wir in der Pension bleiben. Aber ich musste auf die Malschule verzichten. Ich ging also dorthin und bat, mit der Direktorin, Frau Carp, sprechen zu dürfen. Dieses Mädchen von kaum vierzehn Jahren, das von der Verhaftung seines Vaters erzählte, der seine Zeichenstunden nun nicht mehr würde bezahlen können, rührte sie. Sie sagte mir, sie werde mit dem Lehrer sprechen. Nach der Unterrichtsstunde rief sie mich zu sich in ihr Büro und schlug mir vor, mich ohne Bezahlung als Schülerin zu behalten, wenn ich alle drei Tage nachmittags Modell stünde. Als sie mein Zögern sah, beruhigte sie mich. Nein, ich würde nicht nackt Modell stehen müssen, ich würde bestimmte Bewegungen für den Skizzenkurs vorführen.

Im Atelier wurde ich von allen umringt. Ich schloss Freundschaft mit Johanna Ebbecke, einer Studentin, die vier Jahre älter war als ich. Sie wohnte ganz in der Nähe der Pension, und wir gingen oft zusammen durch den Hofgarten. Auf der Straße drehten sich die Leute nach uns um, weil sie so gut aussah. Sie heiratete, beendete die Schule. Wir sollten uns 1944 wiedersehen, als ihre Eltern uns Asyl in ihrem Haus in Bonn anboten. Während wir bei den Mahlzeiten mit den triumphalen Neuigkeiten der deutschen Wehrmachtsberichte überschüttet wurden, hörten wir in unseren Zimmern unter der Decke die Berichte von Radio London, die oft nur knisternd zu empfangen waren. Aber zu gewissen Zeiten, früh am Morgen, konnte man sie klar hören. In den finstersten Augenblicken gab uns die Stimme von de Gaulle oder Churchill die Hoffnung zurück, dass der Krieg eines Tages vorbei sein würde.

Die Bomben der *Royal Air Force*

Maman arbeitete hart, ich ging vormittags in die Gudrun-Schule und nachmittags in die Kunstschule Carp, ich plagte mich mit meinen Hausaufgaben, und nachts heulten die Sirenen. Man wurde mitten aus dem Schlaf gerissen, musste aufstehen, sich anziehen, in den Keller hinuntergehen, eine Stunde später wieder hochgehen, nur um ein weiteres Mal hinunterzugehen, wenn sie wieder losgingen. Die englischen Flieger, die am Himmel ihre Bomben abwarfen, weckten in uns widersprüchliche Gefühle. Wir waren ihnen dankbar dafür, dass sie deutsches Gebiet angriffen, wir bewunderten ihren Mut, wenn wir in den sich kreuzenden Lichtstrahlen der Suchscheinwerfer einen offenen Fallschirm entdeckten, der von der Flak beschossen wurde, aber wir waren völlig erschöpft vor Schlafmangel. Am Boden wusste die Polizei genau, wie viele Bomber abgeschossen worden waren, wie viele englische Flieger nicht mehr zu ihrer Basis zurückkehren würden. Die Toten und die Lebenden mussten gefunden werden. Daher suchte die Polizei in allen möglichen Verstecken. Zuallererst bei den wenigen ausländischen Staatsbürgern, die in der Stadt lebten. Die Gestapo kam auch zu meiner Mutter. Sie durchsuchte ihr Zimmer, entdeckte in einem Schrank Krawatten. Sie gehörten meinem Vater, aber die Polizisten wollten ihr nicht glauben. Meine Mutter wurde auf die Wache bestellt, sie wusste, dass sie von nun an überwacht wurde. Man nahm ihr ihren amerikanischen und ihren belgischen Pass ab, auf dem auch ihre Kinder eingetragen waren. Dafür gaben die deutschen Behörden jedem von uns einen Ausweis. Um ihn zu erstellen, wurde ich auf dem Kommissariat von zwei Polizisten einer Befragung unterzogen; sie füllten ein Formular aus, dessen letzte Frage ihre Heiterkeit erregte, so unsinnig erschien sie ihnen:

„Haben Sie jüdisches Blut in sich?" – „Nein." – „Schwören Sie!" – „Ich schwöre." – „Unterschreiben Sie hier!"

In der Zwischenzeit war mein Vater mit belgischen und anderen Zivilisten in ein Lager in der Nähe von Stuttgart verlegt worden. Sie führten kein sehr angenehmes Leben, aber sie wurden nicht misshandelt, die Pakete vom Roten Kreuz versorgten sie mit ein wenig Nahrung. Uns erreichten einige Karten, die mein Vater selbst geschrieben hatte, unsere erreichten ihn auch, doch wegen der Zensur brauchte die Post Wochen, bis sie beim Empfänger ankam.

Gegen Mitte Oktober 1940, mehr als fünf Monate nach seiner Inhaftierung, kam mein Vater frei, man gab ihm das Geld zurück, das er bei der Festnahme bei sich gehabt hatte. Mit anderen Freigelassenen ging er zum Bahnhof, stieg in einen Zug nach Düsseldorf, wo er mitten in der Nacht ankam. Keine einzige Laterne erhellte im Krieg die Straßen, kein Taxi wartete am Bahnhof, der mehrere Kilometer von der Pension entfernt lag. Mein Vater ging zu Fuß, fiel in Trichter, die die englischen Bomben gerissen hatten, verfing sich in Strohballen, die die Armee zum Schutz einiger Statuen aufgestellt hatte. Er kam bei uns an, weckte das ganze Haus. Es war ein Wunder, ihn zurück zu sehen. Die ausländischen Zivilisten waren am 10. Mai mit Beginn der Westoffensive vorsichtshalber verhaftet worden, damit sie den Deutschen nicht schaden konnten. Im Oktober, als die deutsche Armee die Länder besetzt und unter Kontrolle hatte, stellten diese ausländischen Zivilisten keine Gefahr mehr dar. Mein Vater konnte wieder bei der deutschen Firma arbeiten, durfte aber die Bereiche des Stahlwerks nicht mehr betreten, in denen kriegswichtiges Material hergestellt wurde. Man mietete für ihn ein Zimmer in der Stadt und bat ihn, gegen ein Grundgehalt neue Maschinen zu erfinden, bis der Krieg vorbei wäre.

Während seiner Gefangenschaft hatte mein Vater sich verändert. Die pazifistischen Argumente, die er uns gegenüber noch Anfang 1940 vertreten hatte, waren angesichts der Ereignisse in sich zusammengebrochen. Die Bewunderung, die er für die Wirtschaftspolitik der Nationalsozialisten in Deutschland empfunden hatte, war verflogen. Er sah, dass die Abschaffung der Arbeitslosigkeit, des Hungers, der Elendsviertel ebenso wie der Autobahnbau und der Zugang aller zu Sport und frischer Luft nur die heitere Seite eines totalitären Regimes waren. Die Überzeugung der Nazis, zu einer „überlegenen Rasse" zu gehören, der sich ganz Europa zu unterwerfen hätte, konnte mein Vater nicht akzeptieren. Seit 1933 hielten die führenden Nazis imperialistische Reden, aber mein Vater machte sich darüber lustig, dachte, das sei alles nur Demagogie. Er hatte sich geirrt. Von nun an setzte er alle seine Hoffnungen auf einen Sieg über die Nazis in die Engländer. Aber gegen den einzelnen Deutschen empfand mein Vater keinen Hass, auch meine Mutter, mein Bruder und ich nicht. Auch die Deutschen uns gegenüber nicht.

Meine Beziehung zu meinem Vater normalisierte sich. Seit München hatte ich das Vertrauen in sein Urteil verloren. Seit er mich Ende Dezember 1939 zum dritten Mal nach Deutschland gebracht hatte, sah ich in ihm einen gefährlichen Menschen, von dem man sich fernhalten sollte. Aber seine Gefangennahme hatte mich betroffen gemacht, und ihn danach wiederzusehen, hatte mich sehr bewegt. Jetzt waren wir wieder im Gleichklang.

Mein Vater musste den Mut meiner Mutter in der Zeit seiner Abwesenheit neidlos anerkennen. Sie hatte sich als verantwortungsvolles Familienoberhaupt erwiesen. Er behandelte sie mit mehr Respekt. Auch ich hatte neues Vertrauen in sie gefasst. Unsere Lage als auf fremdem Staatsgebiet gefangene Bürger hatte sich seit dem 10. Mai weiter verschlechtert, aber paradoxerweise war das Familienklima besser geworden.

Die Schönheit der deutschen Sprache

Zwar kam mir die deutsche Sprache immer weniger widerborstig vor, doch das Unterrichtsprogramm meiner Klasse wurde schwieriger. Im Herbst 1940 nahmen wir in Literatur die deutschen Dichter des Mittelalters durch, allen voran Walther von der Vogelweide. Wir mussten ihn im mittelhochdeutschen Original lesen. Bei den gemeinsamen Mahlzeiten in der Pension Bisges erkundigte sich einer der alleinstehenden Männer, Doktor Treisbach, oft danach, was es in der Schule Neues gab. Ich gestand ihm mein neues Problem mit der Lektüre des Mittelhochdeutschen, das ich beim ersten Lesen überhaupt nicht verstand. Er interessierte sich leidenschaftlich für Literatur und schlug meiner Mutter vor, mir nach dem Abendessen zu helfen, die schwierigen Texte zu entziffern. Meine Mutter nahm dankbar an.

Doktor Treisbach war Wirtschaftsanwalt. Er war um die dreißig Jahre alt und kam aus Frankfurt, wohin er jeden Freitagabend wieder zurück zu seiner Mutter fuhr. Er erzählte wenig von sich, lächelte kaum, ich wusste nur, dass er vor dem Krieg einmal verlobt gewesen war und dass die Verlobung aus unklaren Gründen geplatzt war.

Jeden zweiten Abend klopfte ich mit meinen Heften und Büchern an seine Tür. Wir lasen gemeinsam und stoppten, wenn ich Schwierigkeiten hatte, etwas zu verstehen. Um mir die Bedeutung eines Ausdrucks verständlich zu machen, ging er immer von der Etymologie aus, nannte mir andere Wörter, die von derselben Wurzel abgeleitet und noch im aktuellen Sprachgebrauch vorhanden waren. Nach und nach gab es Licht im Dunkeln, ich erlernte

die Sprache von ihren Wurzeln her. Ich fand wachsendes Vergnü-
gen daran. Dank der Erklärungen, die mir Doktor Treisbach so
großzügig gab, war ich bald in der Lage, Deutsch fließend zu lesen
und zu sprechen. Zu meinem fünfzehnten Geburtstag im März
1941 schenkte er mir *Dichtung und Wahrheit*, die Jugenderinne-
rungen Goethes, ein wunderbares Buch, das mich derart begeisterte, dass seine Lektüre mir leichtfiel. Die Nachhilfestunden gingen
bis zum Sommer, dann wurde er eingezogen. Hitler hatte im Juni
1941 die Sowjetunion angegriffen, er brauchte neue Truppen für
den Krieg im Osten. Im Jahr darauf kam Doktor Treisbach während eines Fronturlaubs bei uns vorbei. Ich werde nie vergessen,
wie er zurückwich, als er mich sah. Mit sechzehn war ich noch keine Erwachsene, aber ich hatte meine kindliche Aura verloren. Was
ist wohl aus diesem Mann geworden, der mir die Liebe zur deutschen Sprache beigebracht hat?

Operettenferien

Da wir seit anderthalb Jahren nicht aus Düsseldorf herausgekom-
men waren, nutzen unsere Eltern die Sommerferien 1941, um mit
uns in die Sommerfrische nach Sankt Gilgen am Wolfgangsee zu
fahren, einem der österreichischen Alpenseen in der Gegend von
Salzburg. Die Ehefrau eines Haftkameraden meines Vaters vermietete uns Zimmer in ihrem Haus, das eine bemalte Fassade hatte. In diesem Operettenambiente, in dem die Männer Lederhosen
trugen und die Frauen traditionelle Dirndl mit geschnürter Kor-
sage, tiefem Dekolleté und weitem Rock mit kleiner Schürze, verbrachten wir zwei Wochen fern von Sirenengeheul und Bombenangriffen. Wir schwammen, segelten um den See bis zum Weißen
Rössl, das Franz Lehár so bekannt gemacht hatte, oder gingen einfach spazieren.

Blick auf den Rhein

Bei unserer Rückkehr nach Düsseldorf mieteten wir eine Vier-zimmerwohnung im Norden der Stadt, am Rhein, Alte-Garde-Ufer 15 (nach dem Krieg erhielt diese Straße ihren ehemaligen Namen zurück: Cecilienallee). Wir glaubten, nun von den andauernden Bombardierungen der Innenstadt weit genug entfernt zu sein. Aber einige Monate später nahmen die Bombardierungen an Intensität zu und erreichten auch den Stadtrand. Als wir noch in der Pension lebten, hatten sich meine Eltern keine großen Gedanken um die Probleme der Nahrungsmittelbeschaffung gemacht. Man musste anstehen für Kartoffeln, Brot und die übrigen rationierten Lebensmittel, für die es Lebensmittelmarken gab. Wir hatten keine Haushaltshilfe, wir wuschen die Wäsche, auch die Bettlaken, in unserer Badewanne, ohne richtige Seife, mit Sodakristallen. Aber wir hatten jetzt mehr Platz und mehr Privatsphäre.

Im November 1941 musste Hitler sich an der Ostfront achtzig bis hundert Kilometer zurückziehen. Er verzichtete auf die Einnahme Moskaus. Diese erste militärische Niederlage war frische Luft für all diejenigen, die seinen Untergang herbeisehnten. Im Wohnzimmer hatten wir eine Karte aufgehängt, auf der wir mit Nadeln die deutschen und die russischen Stellungen markierten. Nach Pearl Harbor im Dezember verstärkte der Kriegseintritt der USA unsere Hoffnungen. Wir wussten nicht, dass wir noch drei Jahre und vier Monate durchhalten mussten, bis diese wahr werden sollten.

Netzhautablösung

Gegen Mai 1942 ging es meiner Mutter plötzlich nicht gut. Sie sah nicht mehr richtig. Der Augenarzt diagnostizierte eine Netzhautablösung. Er schlug vor, diese im Universitätskrankenhaus, an dem er Chefarzt war, zu operieren. Zu der Zeit hatte man noch keinen Laser, mit dem man die Risse in der Netzhaut verschweißen kann, man musste sie zunähen. Danach musste der Kranke dunkle Brillengläser tragen und bis zur Vernarbung mehrere Wochen lang ausgestreckt auf dem Rücken liegen.

Der Professor für Augenheilkunde hieß Curtius. Meine Mutter, eine leidenschaftliche Leserin von *À la recherche du temps perdu* (dt.: *Auf der Suche nach der verlorenen Zeit*), hatte das Buch von Ernst Robert Curtius über Proust gelesen. Sie fragte den Arzt also, ob er mit dem Essayisten verwandt sei. Das war der Fall. Es folgten lange Gespräche über die französische Literatur, manchmal mit versteckten Anspielungen auf die politische Lage, die meiner Mutter die Freundschaft des Arztes einbrachten.

Das Krankenhaus lag im Süden der Stadt, sehr weit von unserer Wohnung entfernt. Trotzdem gehörte es sich für mich, meine Mutter jeden Nachmittag zu besuchen: Wie kann man jemanden, der sich weder bewegen darf noch sehen kann, im Stich lassen? An einem Tag opferte sich die Mutter einer Klassenkameradin und besuchte meine Mutter, sodass ich zu Hause bleiben konnte. Meine Mutter begrüßte sie herzlich und fragte nach wenigen Minuten, ob sie schwanger sei. Die Dame wunderte sich: „Wie kommen Sie darauf?" Meine Mutter, die hinter ihrer schwarzen Brille nichts sehen konnte, antwortete: „Ihre Stimme klingt anders. Diese Veränderung habe ich bei schwangeren Frauen bemerkt." Um ihre Blindheit auszugleichen, hatte mein Mutter den Hör-, den Geruchs- und den Tastsinn weiterentwickelt. Sie erspürte die Welt.

Ich nahm die Straßenbahn, aber jeden zweiten Tag unterbrach ein langer Alarm die Fahrt für mindestens eine Dreiviertelstunde. Täglich überflogen uns Wellen von englischen Bombern, zu denen sich jetzt noch die Amerikaner gesellten, um die Städte im Innern zu bombardieren, was auch das schulische Leben durcheinanderbrachte. Wenn ich zurück war, erledigte ich schnell die Einkäufe, im Haus machte ich die Wäsche, bügelte oder putzte und räumte auf, dann bereitete ich das Abendessen zu. Vor der Schule musste ich oft noch Schlange stehen, wenn es eine Kartoffelzuteilung gegeben hatte, oder einfach nur, um Brot zu kaufen. Mein Vater kam jeden Freitagabend mit einem Koffer dreckiger Wäsche an, die bis Sonntag gewaschen und gebügelt sein musste. Nach dem Abwasch packte ich meinen Schulranzen aus, um meine Hausaufgaben zu machen. Oft schlief ich ein, bevor ich fertig war. Die Lehrer beschwerten sich darüber, ebenso wie über meine Fehlstunden, denen kein Wort der Entschuldigung folgte. Ich wurde zum Schuldirektor gerufen und erzählte ihm, wie ich meine Tage verbrachte. Mein Bericht muss ihn erschüttert haben, denn ich hörte ihn murmeln: „Ich bin Familienvater!" Er versprach mir, dass die Lehrer mich von nun an in Ruhe lassen würden.

Waisen auf Zeit

Unser Leben als Waisenkinder ließ unsere Klassenkameraden und die Kinder aus der Nachbarschaft traumhafte Vorstellungen entwickeln. Sie glaubten, wir lebten in völliger Freiheit. Die Lage brachte es mit sich, dass mein Bruder unter meinen Fittichen stand, was ihm gegen den Strich ging. Wenn wir uns nicht einig waren, warf er mich zu Boden, zog mich an den Haaren, während mein Geschrei durch die offenen Fenster nach draußen drang. Höchst beunruhigt riefen die Nachbarn bei uns an, um uns zur Ordnung zu mahnen, wir taten ihnen leid. Regelmäßig brachte der ein oder andere Klassenkamerad uns einen Teller Erdbeeren aus dem Garten, einen Pudding, einen Strauß Flieder. Ein Freund meines Bruders, Gerd Bors, lieh mir sogar das Fahrrad seiner Mutter, ohne es ihr zu sagen. Ich musste ihm Vorhaltungen machen, bis er Frau Bors um Erlaubnis bat, die sie ihm auch gab. Herrn Bors gehörte eine Werkzeugfabrik, regelmäßig schickte er seinen Arbeitern, die zum Kriegsdienst eingezogen worden waren, kleine Päckchen mit Briefen. Als die Deutschen an der russischen Front zurückweichen mussten, schrieb er ihnen, sie sollten den Mut nicht verlieren, der Krieg sei bald zu Ende und dann sei Schluss mit den Nazis. Die öffentlichen Stellen fingen eine dieser Nachrichten ab. Er landete im Gefängnis. Sein Sohn fühlte sich uns sehr nah.

Herr Bors gehörte zu einer Gruppe Katholiken, die Hitler und seinem Regime extrem feindlich gegenüberstanden. Das war in Düsseldorf nicht selten. Am Stadttheater wurde ein Stück – mit dem Titel *Heinrich IV.*, glaube ich – eines zeitgenössischen Autors aufgeführt,* der sich in beleidigenden Worten über das Papsttum zur Zeit Barbarossas lustig machte. Einige meiner Klassenkameradinnen beschlossen, in das Stück zu gehen und es am Ende mithilfe von Trillerpfeifen auszupfeifen. Ich schloss mich ihnen an. Zu der Zeit sprach man über den Bischof von Münster, der von der Kanzel herab das Naziregime kritisiert hatte. Diese vereinzelten Aktivitäten blieben ohne größere Wirkung, aber sie zeigen, dass unter den rheinischen Katholiken ein

Anm. d. Übers.: Es handelt sich um ein Stück des völkischen Autors Georg Schmückle, das am 26.2.1942 Premiere hatte. – Ich danke Herrn Dr. Matzigkeit vom Theatermuseum Düsseldorf für die freundliche Auskunft.

Widerstandsgeist herrschte, der sich von der Haltung Papst Pius' XII. unterschied.

Maman sah fast nichts mehr, die Operation war missglückt. Professor Curtius, dem dies furchtbar leidtat, schlug vor, meine Mutter einem Kollegen in Utrecht vorzustellen, einem Spezialisten für Netzhautoperationen. Er bot an, alle nötigen Schritte bei den deutschen Behörden zu unternehmen, damit meine Mutter das Land für die Zeit der Operation verlassen durfte. Meine Mutter hatte keine Wahl, dies war die einzige Möglichkeit, einen Teil ihres Augenlichts wiederzuerlangen. Im Juli 1942 fuhr sie in die Niederlande. Mit meinem Vater kehrten wir für zwei Wochen nach Sankt Gilgen zurück. Eines Tages, als mein Vater, mein Bruder und ich mit einem kleinen Segelboot auf dem Wolfgangsee waren, erhob sich ein Sturm, das Großsegel zerriss. Wir trieben stundenlang bei heftigem Regen auf der Mitte des Sees. Wir mussten warten, bis ein Boot kam, um uns abzuschleppen.

In Düsseldorf machten massive, ständige Bombardierungen das Leben sehr schwer. Wir hatten keine einzige Scheibe mehr. Wegen des Durchzugs mussten wir die Türen ständig geschlossen halten. Wir konnten uns nicht vorstellen, den Winter ohne Fensterscheiben zu verbringen. Sie zu ersetzen, nützt aber nichts, wenn die Bombardierungen weitergehen. Meine Mutter, die seit dem zweiten Eingriff einen Teil ihres Augenlichts wiedererlangt hatte, beschloss, Düsseldorf zu verlassen und vor den Bomben zu fliehen. Meine Eltern fanden ein kleines Hotel in Gerolstein in der Eifel, ganz in der Nähe der Grenze zu Luxemburg. Im August 1942 zogen wir dorthin.

| | | | | | Die Eifel

Ich glaube nicht, dass die Großherzogin von Gerolstein aus Offen-
bachs gleichnamiger Operette irgendeinen Bezug zu dem kleinen
Städtchen hat, in dem ich ein wenig mehr als anderthalb Jahre
gelebt habe. Von seinem einzigen Hotel, dem Hotel Dolomit, aus,
in dem wir einige Wochen wohnten und das unterhalb eines Fels-
vorsprungs lag, konnte man das gesamte enge Tal überblicken,
durch das die Eisenbahnlinie verlief, die Trier mit dem linken
Rheinufer verband. Die Hügel, die den Horizont säumten, waren
um die siebenhundert Meter hoch.

Aufgrund der größeren Entfernung zum Ruhrgebiet kam mein
Vater seltener zu Besuch. Mein Bruder, der bald fünfzehn Jahre
alt war, hasste die Vorstellung, von zwei Frauen erzogen zu werden. Im Rückblick glaube ich, dass das Fehlen eines Vaters ihn
noch stärker schmerzte. Er willigte ein, Internatsschüler an einem
Jungengymnasium in Bad Godesberg südlich von Bonn zu werden
und nur an den Wochenenden zu uns zu kommen. Ich würde die
Schule in Prüm fortsetzen, fünfundzwanzig Kilometer westlich
von Gerolstein. Das bedeutete, jeden Morgen um halb sieben die
Regionalbahn zu nehmen und nachmittags gegen drei zurück zu
sein. Russische Kriegsgefangene reparierten die Schienenstrecke,

wechselten die Bahnschwellen aus. Man erkannte sie an den hellen runden Feldmützen auf ihrem Kopf und den Stiefeln aus Zeitungspapier, das sie an sehr kalten Tagen um ihre Füße wickelten und mit einer Kordel festschnürten.

Als ehemaliges Seminar der Benediktinerabtei St. Salvator nahm das Jungengymnasium erst seit Kurzem Mädchen an. Es lag direkt neben der wunderschönen Barockkirche aus der ersten Hälfte des 18. Jahrhunderts, die sich auf den Überresten einer romanischen Kirche erhob, in der Lothar I. (*795; gest. 855 in Prüm), Enkel Karls des Großen und weströmischer Kaiser, begraben worden war. Nach der Ankunft meines Zuges hielt ich mich, bis das Schulgebäude geöffnet wurde, unter ihren Säulen auf und bewunderte das Gewölbe und die majestätischen Proportionen des Baus.

Der Schuldirektor war ein hoher Parteifunktionär der NSDAP, aber die meisten Lehrer waren nach Prüm „strafversetzt" worden. Ich weiß nichts über die Gründe ihrer Versetzungen, wahrscheinlich hatten sie sich politisch inkorrekt verhalten. Ihre leicht verrückte Art gefiel mir jedenfalls, sie trug zu der aus der Zeit gefallenen Atmosphäre des Ortes bei. Vielleicht war es eine Hinterlassenschaft aus der Zeit des ehemaligen Seminars, Latein wurde jedenfalls schon ab der ersten Klasse unterrichtet. Ich hatte es noch nie gelernt, fand aber die Wurzeln des Französischen wieder. Ein älterer Lehrer war bereit, mir Privatstunden zu geben, damit ich den Rückstand zu meinen Klassenkameraden aufholen konnte. Er war wunderbar liebenswert, brach aus den nichtigsten Gründen in Tränen aus; ich versuchte, ihn zu trösten, aber es gelang mir nicht.

Der Mathematiklehrer, der mich bat, den Schülern, die nicht mitkamen, Nachhilfe zu geben, machte sich manchmal über meine Kleidung lustig. Zugegebenermaßen sah ich wie eine Vogelscheuche aus; ich konnte nichts dafür, es war einfach furchtbar kalt. Im Winter kam ich in einer schafsledernen, an den Waden geschnürten Reithose in die Schule, die meiner Mutter gehört hatte. Darüber hatte ich lange Strümpfe meines Vaters gezogen und an den Füßen trug ich erst die abgelegten Skistiefel meines Bruders, bald aber die roten Lederstiefel aus der Mongolei. Nachdem der Lehrer sich auf meine Kosten amüsiert und ich ihm schroffe Widerworte gegeben hatte, legte er nach: „Dir fehlt nur noch die Reitgerte!" Wir gerieten oft aneinander, aber er war mein Klassenlehrer, das durfte ich nicht vergessen; genauso wenig konnte er auf mich verzichten, seine beste Schülerin, die den weniger Begabten Unterricht gab. Später erfuhr ich, dass er trank, um seine Sorgen zu vergessen.

Der Lehrer, der den Geschichts- und den Deutschunterricht übernommen hatte, ließ nach einigen Versuchen die Arme sinken, bat diejenigen, die quatschen wollten, sich hinten in die Klasse zu setzen, und unterrichtete nur Liselotte und mich, die fasziniert seiner Interpretation des zweiten Teils von Goethes *Faust* lauschten. Man spürte, dass diese drei Männer gebrochen waren.

Meine Eltern konnten es sich nicht leisten, in einem Hotel zu wohnen. Meine Mutter und ich kampierten einige Wochen in einem Zimmer ohne Ofen und ohne fließendes Wasser. Morgens musste man den elektrischen Kocher anschließen, dann heißes Wasser auf das Eis gießen, das sich im Waschkrug gebildet hatte, um es zu schmelzen. Erst dann konnte man sich in der Waschschüssel einer minimalen Morgentoilette unterziehen. Endlich zogen wir in eine möblierte Dreizimmerwohnung.

Die Neuigkeiten von der russischen Front ließen uns leicht ums Herz werden. Die Belagerung von Stalingrad und die Kapitulation der Deutschen Anfang 1943, die Landungen der Alliierten in Italien: Diese Ereignisse waren unsere einzigen Orientierungspunkte. Wer nicht unter der Zivilbevölkerung in Deutschland oder unter den Soldaten der Wehrmacht gelebt hat, kann sich den Schock, den die endgültige Niederlage bei Stalingrad in den Köpfen der Deutschen verursacht hat, nicht vorstellen. Ob sie Nazis oder gegen den Nationalsozialismus gewesen waren, die Siege der deutschen Armeen im Jahr 1940 hatten sie trunken gemacht. Und nun erfuhren sie aus dem Radio in beschönigenden Worten, aber durch die Todesnachrichten in ihrer Umgebung in seinem ganzen Ausmaß, dass die deutsche Armee herbe Verluste erlitten hatte, dass sie nicht unbesiegbar war, dass sie sich auf dem Rückzug befand. Meiner Meinung nach messen die Historiker dieser völligen Erschütterung im Denken des deutschen Volkes nicht die verdiente Bedeutung zu: Sie hatten aufgehört, an den Sieg zu glauben.

Für meinen Vater hatten seine Entwürfe für neue Maschinen jeden Realitätsbezug verloren. Man spürte, dass er sich nutzlos fühlte. Wenn er bei uns ankam, trank er Bier und blieb stundenlang im Bett, um zu schlafen. Dann führte er Selbstgespräche. Im Rückblick glaube ich, dass dies die ersten Zeichen einer Depression waren, von der er sich nie wieder ganz erholte.

Im Konflikt mit dem Glauben

Vor Ostern 1943 ging ich zur Beichte beim Pfarrer, der mich hinter dem Holzgitter musterte und mir selten indiskrete Fragen zu meinem Umgang mit Jungen stellte. Ich antwortete: „Nein, das mache ich nicht." Er insistierte und nannte mich eine Lügnerin. Ich erhob mich schließlich und sagte ihm, ich verzichte auf seine Absolution. Er gab nach, erlegte mir ich weiß nicht wie viele Gebete auf,

während ich mir schwor, niemals wieder den Fuß in einen Beicht-
stuhl zu setzen.

Kaum hatte sie sich von ihren Operationen erholt, fühlte meine Mutter sich einsam, ohne Aufgabe, sie kannte niemanden in
diesem Örtchen Gerolstein. Sie las, sie meditierte. Vielleicht verließ sie ein wenig der Mut. Eines Tages bat sie mich um einen großen Gefallen: „Ich kenne die Gesetze der katholischen Kirche, ich
weiß, dass in Notfällen ein Getaufter das Recht hat, einen anderen
zu taufen. Würdest du mich taufen?" Als Mitglied der katholischen Gemeinde würde sie sich ruhiger fühlen. Ich bat um
Bedenkzeit. Ich hatte meinen Glauben verloren, aber ich liebte
meine Mutter. Ich strengte mich also sehr an, meinen Worten
Glauben zu schenken, als ich sie taufte.

Das deutsche Abitur

Das Programm meines Abschlussjahres in Prüm umfasste auch
einen Kurs in Kunstgeschichte. Die Lehrerin war eine junge Frau,
Mutter von zwei kleinen Kindern, die wahrscheinlich eine Stelle
außerhalb der großen Städte, fern von den Bombenangriffen
gesucht hatte. Sie wollte uns lehren, ein Gemälde zu betrachten,
seine Komposition zu erfassen. Sie ließ die Reproduktion eines
Meisterwerks durch die Reihen gehen, das wir in zehn Minuten
beschreiben sollten. *Die Nachtwache* von Rembrandt, *Die Geburt
der Venus* von Botticelli, unter anderen. Ich sprach fehlerfrei und
ohne den kleinsten Akzent Deutsch, aber beim Schreiben hatte ich
vor langen Sätzen, wie Kleist sie liebte, Angst. Ich hatte mich also
für einen Telegrammstil entschieden, den unsere Lehrerin sehr
schätzte. Es kam vor, dass sie der Klasse meinen Aufsatz vorlas.
Um mich zu ermutigen, schenkte sie mir eine Gedichtsammlung
von Klabund (1890–1928), einem deutschen formalen Minimalis-

ten, dessen Bücher im Dritten Reich verboten waren – In Biologie war das letzte Jahr der „Rassenlehre" gewidmet. Um die Theorie zu testen, ließ mich der Lehrer nach vorne kommen und maß die Länge und Breite meines Schädels und anderer Teile meines Skeletts. Er hatte mich ausgewählt, weil ich Belgierin war und die Belgier zur „dinarischen Rasse" gezählt wurden. Oh Freude, meine Maße entsprachen den dort angegebenen Zahlen. Als „Mischling", der ich war, hätte ich gerne laut gesagt, was ich von ihrer „Rassentheorie" hielt.

Eines Morgens, ganz am Ende meiner Schulzeit, traf ich vor der Kirche den Schuldirektor, als Funktionär der Nationalsozialistischen Partei immer in Uniform. Als Schülerin hätte ich meinen rechten Arm ausstrecken und ihn mit „Heil Hitler!" grüßen müssen. Um diese Geste und die Äußerung zu umgehen, steckte ich schnell den trockenen Brotkanten in den Mund, den ich gegen den ersten Hunger in der Tasche hatte. Als Zeichen des Respekts neigte ich den Kopf. In der Pause wurde ich zum Direktor gerufen. Mit Angst im Bauch betrat ich zum ersten Mal sein Büro. Der Luxus dieses Raumes stand im Gegensatz zur nüchternen Einrichtung der Institution, die einen klösterlichen Charakter bewahrt hatte. Die holzvertäfelten Wände öffneten sich an einer Stelle zu einem Erker mit Fenstern, die zum Wald hinausgingen. Auf einem dicken Teppich in kräftigem Blau standen zwei wildlederne Clubsessel. Der Direktor stand am Fenster hinter seinem Schreibtisch und rauchte eine dicke Zigarre, deren Qualm auf halber Höhe im Zimmer hing. Er bat mich, mich zu setzen, und hielt mir einen Vortrag über die Regeln der Höflichkeit. Nun, ich sei jetzt „eine junge Dame" (ich stand kurz vor meinem achtzehnten Geburtstag), es sei also an ihm, mich als Erster zu grüßen, wenn wir uns begegneten.

Die Abiturprüfungen fanden Anfang Februar 1944 statt. Da die jungen Männer alle eingezogen waren, waren nur noch acht Mädchen in meiner Klasse. Der Mathematiklehrer machte sich Sorgen um Liselotte, eine sprachbegabte Schülerin, die in Mathematik allerdings eine Blockade hatte. Am Morgen der schriftlichen Prüfungen wartete er vor der Schule auf mich, wo ich vom Bahnhof aus immer schon sehr früh ankam. Er nahm mich zur Seite, gab mir die Aufgabe, die wir zu lösen haben würden, und bat mich, Liselotte die Lösung zu verraten, damit sie in Mathematik nicht durchfiele. Was ich auch tat. Beim Essen nach der Notenverkündung sagte er mir, ich sei ein braves Mädchen.

Nach dieser Prüfung, mit der die Schulzeit beendet war, konnte ein junges Mädchen entweder studieren oder sie wurde für den Arbeitsdienst verpflichtet, meist in den Munitionsfabriken. Ich musste mich unbedingt an einer Universität einschreiben, wenn möglich für das Fach Medizin, das mich am meisten reizte.

Angesichts meines Problems hatte Johanna Ebbecke, meine Freundin von der Kunstschule Carp in Düsseldorf, die inzwischen Witwe war, mir angeboten, bei ihren Eltern in Bonn zu wohnen. Ihr Vater war Lehrstuhlinhaber für Physiologie an der Medizinischen Fakultät. Sie wohnten im Institut für Physiologie in der Nussallee 11. Da drei ihrer vier Kinder nicht mehr zu Hause lebten, fürchteten Johannas Eltern die Einquartierung von Wohnungslosen, die aufgrund der schweren Bombardierungen immer zahlreicher wurden. Meine Mutter und ich waren begeistert von der Aussicht, an einem so schönen Ort zu wohnen. Ich stellte einen Zulassungsantrag für die Medizinische Fakultät. Einige Wochen später, Ende März 1944, erhielt ich ein Schreiben mit der Mitteilung, mein Antrag sei „grundsätzlich abgelehnt". Das besagte gar nichts, da die Begründung fehlte. Meine Mutter beschloss, alles auf eine Karte zu setzen und nach Berlin zu fahren, zu dem Ministerium, das dieses Antwortschreiben ausgestellt hatte.

Die Züge waren vor allem nachts unterwegs, dann war das Risiko, bombardiert zu werden, kleiner. Bei Morgengrauen kamen wir in Berlin an. Ich hatte noch nie so viele Ruinen gesehen. Das Ministerium, an das wir uns wenden mussten, hatte sich unter das Dach eines Gebäudes zurückgezogen. Ein Beamter empfing uns. Ohne irgendeinen Versuch, seine Ablehnung zu rechtfertigen, stellte er mir eine schriftliche Genehmigung aus. Im Grunde genommen war es ihm völlig egal. Am nächsten Tag, nach einer weiteren Nacht im Zug zurück in Bonn, verkündeten wir der Familie Ebbecke die Neuigkeit. Während der ganzen Reise hatten wir uns von Äpfeln ernährt.

||||| Das Institut für Physiologie

Studentin der Medizin

Johannas Eltern zeigten sich großzügig. In ihrem Wohnhaus stellten sie uns unentgeltlich zwei Zimmer und ein kleines Bad im Erdgeschoss zur Verfügung, und wir durften die Küche mitbenutzen. Sie betraten diese fast nie, da sie von Martha bedient wurden, die das Haus führte. Martha war noch keine vierzig Jahre alt, sie sprach mit ihrer Katze, Maman wurde ihre zweite Gesprächspartnerin. Wir sahen „den Herrn Professor" und seine Frau selten. Sie bewohnten den ersten Stock, wo sich auch das Maleratelier von „Frau Professor" befand, wie man die Ehefrauen der Professoren nannte. Ich bewunderte die Porträts an den Wänden, die sie in Pastellmalerei von ihren Kindern und ihrem Mann gemacht hatte. Der Professor verbrachte seine Tage im Institut für Physiologie, das direkt an das Wohnhaus grenzte. Um sich zu entspannen, spielte er Cello. Sie waren älter als meine Eltern, lebten sehr zurückgezogen und ein wenig abgeschnitten von der Wirklichkeit. Eines Tages hörte ich den Professor sagen, er sei niemals in die Nationalsozialistische Partei eingetreten, sei aber trotzdem ein guter Patriot.

Von März bis Juli 1944 besuchte ich in großen Hörsälen die Medizinveranstaltungen des ersten vorklinischen Studienjahres.

Ich freundete mich mit einigen Studenten an, aber ich hatte nicht den Kopf zum Studieren. Wir hingen an den Nachrichten, die die BBC ausstrahlte. Seit einigen Monaten stand auf das Hören fremder Radiosender die Todesstrafe. Wie gewöhnlich hörte Maman am 6. Juni schon früh morgens Radio London. Die Alliierten waren endlich in der Normandie gelandet. Sie machte gerade unser Frühstück in der Küche, als Martha hereinkam, um das unserer Gastgeber zuzubereiten. Maman konnte sich nicht zurückhalten, sie erzählte ihr von der Landung. Martha wiederholte diese Neuigkeit vor dem Professor, der kurze Zeit später seine Vorlesung im Institut abhielt. Vor dem vollen Hörsaal verkündete der Professor seinen völlig überraschten Studenten die Neuigkeit. Da wurde ihm klar, dass das deutsche Radio darüber geschwiegen hatte. Zu Hause zurück rief er meine Mutter zu sich und wollte wissen, wer sie informiert habe. Sie gestand ihm, Radio London zu hören. Er regte sich furchtbar auf. Falls wir denunziert würden, würden wir alle erschossen werden, meine Mutter habe völlig verantwortungslos gehandelt ... Von diesem Tag an ließ uns jedes Klingeln an der Haustür zusammenzucken. Trotzdem verfolgten wir am Radio weiter den Vormarsch der alliierten Truppen an allen Fronten.

Die Verwundeten von Buchenwald

Im August 1944 mussten die Medizinstudenten während der Semesterferien ein Krankenhauspraktikum absolvieren. Mir wies man das städtische Krankenhaus in Weimar zu, wo ich Teresa begegnete, einer Studentin des vierten Studienjahres, mit der ich mich gut verstand. Da ich in der Stadt in einem Gartenhäuschen, das zwei Rentnern gehörte, untergebracht war, fuhr ich früh zur Arbeit und kam spät abends zurück. Alle Krankenhausbetten waren belegt, denn es kamen immer mehr verletzte Soldaten. Die Chirurgen der Station, auf der ich arbeiten sollte, waren Balten. Sie ersetzten die Deutschen, die in den Militärkrankenhäusern gebraucht wurden. Die Praktikanten setzt man dort ein, wo Personal fehlt, um eine Krankenschwester, einen Anästhesisten oder eine Sekretärin zu unterstützen. Man rennt den ganzen Tag hin und her und lernt beim Arbeiten, was zu tun ist.

Wie über ganz Deutschland flogen über Weimar jeden Tag Bombengeschwader, die große Städte, Schienenknotenpunkte und andere Ziele bombardieren sollten. Ständig heulten die Sirenen. Am 24. August nach einem morgendlichen Alarm füllte sich der große Platz vor dem Krankenhaus mit Lastwagen. Die Soldaten, die sie gefahren hatten, trugen Dutzende, ja Hunderte Verletzte heraus. Sie legten die am schwersten Getroffenen in die Flure des Krankenhauses, die anderen auf die Wiesen ringsum. Es waren Männer, furchtbar zugerichtet, sie steckten in Resten von Schlafanzügen. Schnell erfuhren wir, dass es sich um Gefangene des Lagers Buchenwald handelte, Opfer eines Bombenangriffs auf den Steinbruch, wo sie arbeiteten. Das Konzentrationslager Buchenwald lag nur wenige Kilometer nordwestlich von Weimar.

Ich wurde bald in den Operationssaal gerufen, die ersten Verwundeten sprachen nur Französisch. Um ihnen ein Bein oder einen Arm amputieren zu können, brauchte man ihre Mithilfe, denn es gab nicht genügend Betäubungsmittel. Während man Knochen zersägte, Haut zusammennähte, Alkohol zur Desinfektion auftrug, hielt ich die Hand mutiger Männer, die ihr Schreien unterdrückten, denen sogar ein Lächeln gelang, als sie mich Französisch sprechen hörten. Die baltischen Chirurgen waren bewundernswert. Um drei Uhr nachmittags kam von oben der Befehl, die Versorgung der Gefangenen einzustellen, sie auf die Wiese zu legen und sich nur noch um die wenigen verletzten SS-Männer zu kümmern, Lagerwächter, denen zum Zeitpunkt des Bombenangriffs die Aufsicht über die Gefangenen oblegen hatte. Vor dem Krankenhaus erklang derselbe Hilferuf in verschiedenen Sprachen: „Erbarmen! Etwas zu trinken!" Man muss sich die Hitze an diesen letzten Augusttagen vorstellen, den Blutverlust, der dehydriert. Teresa, meine Studienfreundin, und ich nahmen Wasserkrüge und Becher und gingen zu diesen Unglücklichen. Sie hatten Durst und mussten vor allem dringend urinieren, konnten sich aber wegen ihrer Verletzungen nicht hinsetzen. Die Krankenschwestern beobachteten uns misstrauisch. Man bat mich, einen SS-Mann zu füttern, dem man beide Hände amputiert hatte. Voller Abscheu stellte ich meine humanitären Grundsätze unter Beweis, während man die verletzten Gefangenen auf die Ladeflächen der Lastwagen stapelte, die sie nach Buchenwald zurückbringen sollten.

Das Gerücht, Paris stehe kurz vor der Befreiung, ging im Krankenhaus um. Ich war von dem, was ich gerade erlebt hatte, so erschüttert, dass ich auf der Rückfahrt in mein Schlafquartier den Entschluss fasste, am nächsten Tag nach Bonn zurückzukehren. Der letzte Teil des Praktikums würde mir fehlen, aber wenn ich zu lange wartete, würden keine Züge mehr fahren. Ich sagte also den Besitzern des Gartenhäuschens Bescheid und berichtete, was ich an dem Tag erlebt hatte. Sie hatten noch nie vom Lager Buchenwald gehört. Ich traute meinen Ohren nicht. Den Nazis war es gelungen, der Bevölkerung die Existenz dieses Lagers nur wenige Kilometer vor der Stadt zu verbergen. Am nächsten Tag verabschiedete ich mich im Krankenhaus und erhielt die Erlaubnis, meine Mutter in Bonn anzurufen, um ihr Bescheid zu geben. Sie bestätigte mir die Befreiung von Paris.

Zwei französische Kriegsgefangene in Marburg

Bevor ich bei meinen Eltern aufgebrochen war, hatte ich ihnen versprochen, wenn möglich, einen ihrer Jugendfreunde zu besuchen. Claude Reifenberg war seit vier Jahren französischer Kriegsgefangener und einer kleinen Molkerei in Marburg zugeteilt worden. Und in dieser Stadt musste ich umsteigen. Spät abends kam ich an. Auf dem Bahnhofsvorplatz stellte ich erst einmal meinen Koffer ab, als ich im Licht des Mondes sah, dass man einen Hügel hinaufgehen musste, um in die Stadt zu gelangen. Ein Mann, so zwischen fünfunddreißig und vierzig Jahre alt, trat auf mich zu und bot mir mit einem ausländischen Akzent an, meinen Koffer zu tragen. Ich fragte ihn, ob er Franzose sei. Ja, er sei Kriegsgefangener. Ob er Claude Reifenberg kennen würde. Ja, das sei sein bester Freund. „Also", sagte er, „dann können Sie nur Monique sein, Jules Romans Tochter." Er setzte den Koffer ab und stellte sich vor: „André de la Boissière." Da ich seine Adresse nicht kannte, hatte ich unserem Freund nicht Bescheid geben können, aber auf indirektem Wege hatte er doch erfahren, dass ich vielleicht dort vorbeikäme. Die beiden Kriegsgefangenen standen mit ihrer Wirtin auf gutem Fuß; sie half ihnen, in einem Keller ein Bett für mich zu finden, und erlaubte ihnen, mir etwas zu essen zu geben, bevor sie mich am nächsten Tag zum Bahnhof brachten. In der ersten Euphorie angesichts der guten Neuigkeiten schenkten sie mir amerikanische Zigaretten, Lucky Strikes, die das Rote Kreuz verteilt hatte. Wir hätten nie gedacht, dass der Krieg in Europa noch neun Monate dauern würde.

Brandbomben auf Bonn

Mit einer Karre wartete mein Bruder am Bonner Bahnhof auf
mich. Wir waren glücklich. Er unterrichtete mich über die jüng-
sten Fortschritte der Alliierten. Das Kriegsende, das wir seit vier
Jahren herbeisehnten, schien nahe. In den darauffolgenden Tagen
Anfang September hörten wir ein ständiges Brummen auf der
quer zur Nussallee verlaufenden Hauptstraße. Wir gingen nach-
sehen. Stundenlang standen wir wie festgewachsen an der Kreu-
zung und beobachteten die Lastwagenkolonnen der Wehrmacht,
die sich aus Frankreich zurückzogen. Bei der Einfahrt in die Stadt
wurden die Fahrzeuge langsamer, hielten an den Kreuzungen
sogar an. Dann sprachen die Soldaten, die dicht gedrängt auf den
offenen Ladeflächen saßen, mit uns. „Der Krieg ist vorbei. Wir lassen uns doch nicht sinnlos totschießen."

Nachdem die erste Panik verflogen war, fingen sich die Deutschen wieder. Sie stellten sich im Osten Frankreichs unter dem
Befehl von Marschall von Rundstedt neu auf. Die Alliierten kamen
nicht bis zur deutschen Grenze. Um die Bodentruppen zu entlasten, bombardierten die alliierten Flugzeuge systematisch alle rheinischen Städte im Rücken der deutschen Front. Im Herbst 1944
floh mein Vater in ein Winzerdorf am rechten Rheinufer, Assmannshausen. Bald hatten wir in der Nussallee keine einzige Fens-
terscheibe mehr. Mein Bruder zog zu uns, seine Schule in Bad
Godesberg war geschlossen worden. Dasselbe galt für mich: Auch
der Unterricht an der medizinischen Fakultät hatte nach den
Ferien nicht wieder begonnen. Doch weit davon entfernt, beschäf-
tigungslos zu sein, wussten wir nicht, wo uns der Kopf stand: Mit
einer Karre musste man kilometerweit laufen, um Äpfel, Kartoffeln und Holz zu holen. Ohne Strom, ohne Zentralheizung, ohne
fließendes Wasser erfordern Essen, Schlafen, Sich-Waschen eine

enorme Kraftanstrengung und Einfallsreichtum. Es war so kalt, dass wir uns nicht mehr auszogen, wir streiften nur die Schuhe ab, bevor wir ins Bett gingen. Man musste ohnehin wieder aufstehen, um bei Bombenalarm in den Keller zu gehen. Im November waren wir gerade wieder oben und überprüften den Zustand des Gebäudes, als ein Ehepaar an unsere Eingangstür klopfte. Der Mann und die Frau zitterten, ihr Haus lag in Trümmern, sie wussten nicht, wo sie die Nacht verbringen sollten. Ich gab ihnen mein Bett, ich fragte sie, ob sie etwas brauchten. Schüchtern sagten sie, ja, eine Zigarette. Aus Marburg hatte ich noch eine übrig, die ihnen ein wenig Trost spendete.

Im Dezember startete Rundstedt in den Ardennen die letzte große deutsche Offensive, die nach Anfangserfolgen von der amerikanischen Luftwaffe gestoppt wurde. Hinter der Front, auch in Bonn, setzte diese die Städte mit Napalmbomben in Brand. Als wir eines Nachts aus dem Keller wieder nach oben kamen, sahen wir Feuer im Dachstuhl. Das ganze Viertel stand in Flammen. Kein fließendes Wasser. Das Wasser im Brunnen war an der Oberfläche gefroren, sodass wir erst heißes Wasser kochen mussten, bevor wir die Pumpe benutzen konnten. Im Haus lebte ein halbes Dutzend Menschen. Wir verteilten uns auf die Treppenstufen und bildeten eine Menschenkette, um die Eimer, die Krüge, die Töpfe mit Wasser bis zum Brand zu transportieren. Wir konnten den Schaden begrenzen, aber es gelang uns nicht, das Feuer zu löschen. An einem gewissen Punkt spürte ich, wie mir die Kräfte schwanden. Da ich nicht mehr helfen konnte, ging ich auf die Straße, um Verstärkung zu suchen. Ein Trupp Soldaten auf Genesungsurlaub kam gerade mit Schaufeln und Hacken bewaffnet vorbei, ich sprach denjenigen an, der das Kommando zu haben schien. Er war bereit, mir zu folgen. Bald bildete ein Dutzend Männer an unserer statt die Menschenkette, während wir beim Brunnen an der Pumpe blieben und die Gefäße mit Wasser füllten. Der Professor tauchte wütend auf und wollte wissen, wer dem Trupp erlaubt hatte, sein Haus zu betreten. Er machte mir Vorwürfe, die an mir abprallten. Das Feuer war eingedämmt, aber das Viertel völlig verwüstet. In verkohlten Bäumen erblickte man ein loses Rad, ein verbranntes menschliches Körperteil, Vorhangfetzen. Das Feuer und der Wind hatten Irrsinn gestiftet. Wir konnten nicht in Bonn bleiben. Die Züge transportierten nur noch Soldaten. Die Telefonleitungen waren tot. Mein Bruder war bereit, sich zu unserem Vater zu begeben, um einen Weg zu finden, uns aus dieser Lage zu befreien. Er erreichte das rechte Rheinufer, hielt ein Auto an, das flussaufwärts fuhr. Kaum hatte er auf der Rückbank Platz genommen, da sah er, dass er bei zwei SS-Leuten saß, die Fremden gegenüber grundsätzlich feindlich eingestellt waren. Glücklicherweise sprach mein Bruder perfekt Deutsch, behielt ruhig Blut und verabschiedete sich von den SS-Leuten nicht weit von dem Dorf entfernt, in dem mein Vater lebte. Diesem gelang es, einen Mann samt dessen gasbetriebenem Lieferwagen zu mieten, um uns mit unserem Gepäck abzuholen. Anfang Januar 1945 kamen wir in Assmannshausen an.

‖‖‖‖‖ Von den Amerikanern befreit

Flüchtlinge im Weinberg

Das Dörfchen Assmannshausen liegt am rechten Rheinufer, unterhalb von Bingen, und ist für seinen Weißwein bekannt. Mein Vater mietete zwei Zimmer im obersten Stock eines hübschen Hauses, das einem Winzer gehörte. Meine Eltern nahmen das Zimmer ohne Heizung mit einem Doppelbett. Ich schlief in dem anderen, in dem es ein Waschbecken mit kaltem Wasser gab und einen Kanonenofen, auf den man auch einen Kochtopf stellen konnte. Je nachdem erhitzten wir dort Wasser oder kochten Kartoffeln. Mein Bruder musste auf dem Sofa im Flur kampieren. Die Verteilung der Lebensmittel war völlig zusammengebrochen, jeder musste sich selbst helfen. Bei unserem Vermieter kaufte mein Vater Wein zu einem hohen Preis und tauschte ihn bei den Bauern in der Umgebung ein. Auf diese Weise brachte er Kartoffeln, Speck und Eier nach Hause.

Die ganze Zeit flogen die Flugzeuge über unsere Köpfe. In der Ferne hörte man das Artilleriefeuer der Amerikaner. Die ersten Wochen waren recht ruhig. Aber im Februar kam die Front näher. Gewehrkugeln verirrten sich in den Straßen. Um Brot zu holen, das einzige Nahrungsmittel, das es noch zu kaufen gab, musste mein Bruder im Schutz des Bahndamms zum Geschäft kriechen. Hin mit leeren Händen war es leicht, aber der Rückweg mit den Broten für unser ganzes Haus war schwierig. Jede Nacht trafen wir uns alle im Keller, wo die edelsten Tropfen reiften. Jede Verbindung zur Zentralregierung in Berlin war unterbrochen. Wir lebten völlig isoliert. Die Alliierten kamen näher, wichen zurück, nahmen eine Brücke ein. Der Artilleriebeschuss wurde häufiger. Wir verließen den Keller so gut wie nicht mehr, nachts schliefen wir dort auf Kartoffelsäcken. Anfang März 1945 hörten die Schüsse plötzlich auf. An einem schönen, einem sehr schönen Tag klingelten drei Amerikaner an der Tür unseres Hauses. Im Dorf hatten sie gehört, dass hier eine Amerikanerin wohnte.

Unter dem Schutz der amerikanischen Armee

Der Krieg war noch nicht zu Ende. Aber für uns hatte sich die Welt verändert, wir waren befreit. Die Offiziere, ein Hauptmann und zwei Lieutenants, bewegte es sehr, Englisch sprechen zu können. Sie hatten den Herbst und zwei Wintermonate in den Ardennen, in einem kalten Land, verbracht. Sie waren *homesick*, hatten Heimweh. Der Hauptmann war *shell-shocked*, litt an einer Kriegsneurose, was ihm Dienst hinter der Front eintrug. Seine Aufgabe war es, in der Nähe von Mainz ein Lager für Displaced Persons zu errichten, wohin alle ausländischen Zivilisten, die in Deutschland gefangen gewesen waren, gebracht werden sollten, und wo ihnen eine Transportmöglichkeit zurück in ihre jeweiligen Heimatländer verschafft werden sollte. Abgesehen von unseren „Ausweisen" besaßen wir keine Papiere, die unsere Nationalität belegen konnten. Sie glaubten dem Wort meiner Mutter. Der Hauptmann, der alle Angaben bezüglich ihrer Identität und der ihrer Familie in den USA notiert hatte, versprach, ihr bei seinem nächsten Zusammentreffen mit seinem Vorgesetzten im amerikanischen Hauptquartier in Frankfurt einen Pass zu besorgen. Eine Woche später erschien er mit einem provisorischen Pass wieder bei uns in Assmannshausen. Vom General Head Quarter in Frankfurt informiert, hatte das State Departement in Washington bestätigt, dass die Bürgerin Ruth Emma Rie, verheiratete Roman, amerikanischer Nationalität war, dass man ihr einen Pass ausstellen konnte. Meine Mutter musste keine Fingerabdrücke, kein Foto, noch nicht einmal eine Unterschrift abgeben. An diesem Tag begriffen mein Bruder und ich, dass die amerikanische Staatbürgerschaft Gold wert ist und dass der amerikanische Staat seine Bürger schützt, wo auch immer sie sich befinden.

Es war noch keine Rede davon, uns zu repatriieren, denn das Benutzen von Zügen war ausschließlich den alliierten Armeen vorbehalten, die im Innern Deutschlands kämpften. Da der Hauptmann und seine Offiziere überhaupt keine Fremdsprache beherrschten, hatten sie große Schwierigkeiten, mit den Zivilisten zu sprechen. Daher schlugen sie mir vor, bis zu unserer Rückführung nach Frankreich bei ihnen zu wohnen und ihnen als Dolmetscher zur Verfügung zu stehen, sobald die Displaced Persons einträfen. Es reizte mich schon, aber ich konnte nichts ohne die Zustimmung meiner Eltern entscheiden. Meine Mutter hatte Vertrauen zu dem Hauptmann und erhob keine Einwände. Zum Scherz schlug mein Vater vor, mich gegen Tabak einzutauschen. Die Offiziere gaben ihm den Tabak, schätzten seine Art von Humor aber nicht. Einige Tage später erschien der Hauptmann, er hieß John Colby, und holte mich und mein Gepäck ab, es war Anfang April.

Dolmetscherin im Mainzer Lager

Das Repatriierungslager, das für ungefähr zwölftausend Personen vorgesehen war, bestand aus großen, festen Gebäuden und einfachen Baracken. Ich weiß nicht mehr, zu welchem Zweck man sie ursprünglich errichtet hatte. Die amerikanischen Soldaten und Offiziere, die mit der Repatriierung beauftragt waren, lebten in frei stehenden Privathäusern, die man in der Nähe des Lagers konfisziert hatte. Der Hauptmann wies mir ein Schlafzimmer in der Villa zu, die er mit seinem Burschen bewohnte. Die Offiziersmesse befand sich im Nachbarhaus.

Ich war seit Jahren nicht mehr in einem Privatauto gefahren, und jetzt saß ich neben dem Offizier in einem prachtvollen Mercedes-Cabrio. Wir besuchten einige Personengruppen, die die Repatriierung beantragt hatten. Nach und nach füllte sich das Lager. Die Neuankömmlinge mussten befragt, Fragebögen mussten ausgefüllt, Listen erstellt werden. Alle verstanden Deutsch. Von morgens bis abends dolmetschte ich in beide Richtungen. Die Alliierten lieferten sich ihre letzten Gefechte im Innern Deutschlands, daher drehten sich unsere Gespräche um diese Nachrichten.

Zum Frühstück gingen der Hauptmann und ich in die Messe. Als wir zum ersten Mal gemeinsam diesen Speiseraum betraten, setzten einige Offiziere ein wissendes Grinsen auf, was man als „Sieh an, der Hauptmann hat eine kleine Gespielin gefunden" verstehen konnte. Der Hauptmann reagierte sofort und sagte: „Meine Herren, wenn eine Dame die Messe betritt, dann erhebt man sich." Sie standen auf; sie hatten verstanden, dass ihr Chef nicht zu Scherzen aufgelegt war, nicht zulassen würde, dass man sich über mich lustig machte. Ich war es zufrieden, aber was in meinen Augen mehr zählte, war das Essen. Ich hatte mich seit Jahren nicht mehr sattgegessen.

Seit seiner Machtergreifung hatte Hitler alle Importe auf ein Minimum reduziert, vor allem bei Lebensmitteln. Keine exotischen Früchte mehr, Zitrusfrüchte, Bananen, Ananas; Kaffee und Tee waren rationiert. Und hier gab es Orangensaft, Frühstücksflocken, Milch, Spiegelei, Pfannkuchen, Ahornsirup, Weißbrot, Butter, Marmeladen, Kaffee, so viel man wollte, und sogar Zigaretten. Einmal gesättigt, blieb mein größter Wunsch, bald nach Frankreich zurückzukehren. Zwei Tage später berichtete der Bursche des Hauptmanns, dass sich zwischen seinem Chef und mir nichts abspiele. Die Offiziere, mit denen ich arbeitete, behandelten mich von da an wie ihresgleichen.

Der Tod Roosevelts am 12. April 1945 rief in der amerikanischen Armee starke Gefühle hervor. Der Krieg war fast vorbei, die deutsche Kapitulation stand unmittelbar bevor. Die Fahne auf Halbmast, die Schweigeminute, die Männer, die den Tränen nahe waren, zeigten, wie eng die Armee sich dem Präsidenten verbunden fühlte.

Meine Eltern und mein Bruder waren in meine Nähe gezogen, sie wohnten im Nachbarhaus, und mein Bruder arbeitete auch als Dolmetscher. Die „Kundschaft", die in das Lager strömte, war sehr unterschiedlich. Ende April kamen zwei Offiziere der U.S. Air Force, entflohene Kriegsgefangene, die sich repatriieren lassen wollten. Die Züge transportierten immer noch keine Zivilisten. Da kam unser Hauptmann auf die Idee, Autos zu konfiszieren und die beiden Piloten zu bitten, meine Mutter und ihre beiden Kinder nach Paris zu bringen. Sie stimmten bereitwillig zu. Das General Head Quarter trieb zwei superbe Mercedes für sie auf. Hitler brachte sich am 30. April um.

Am 8. Mai bei Sonnenaufgang standen wir alle bereit. Inmitten seiner Männer, die im Halbkreis um uns herumstanden, salutierte der Hauptmann und bedankte sich bei uns. Meine Mutter und mein Vater hatten endlich beschlossen, sich zu trennen. Als wir uns Adieu sagten, wussten wir alle vier, dass unser Familienleben hier endete. Nach unserem Aufbruch kehrte mein Vater nach Brüssel zurück. Wir stiegen ein, mein Bruder mit dem einen Piloten, meine Mutter und ich mit dem anderen. Unsere Autos fuhren in einem durch bis nach Paris, wo wir am Abend ankamen und erfuhren, dass der Waffenstillstand unterzeichnet worden war. In der fahnengeschmückten Hauptstadt wehte eine riesige Flagge in den französischen Farben unter dem Arc de Triomphe.

||||| ZWEITER TEIL

Bei der Familie in der Rue Léo Delibes

Während der deutschen Besatzung hatte meine Mutter aus Angst, dass man ihre jüdische Herkunft entdecken könnte, mit keinem, den sie von früher kannte, Kontakt gehabt. Bei unserer Ankunft in der Hauptstadt wusste sie also nicht, wer von ihren Verwandten oder Freunden uns würde beherbergen und uns Geld würde leihen können. Sie hatte noch ihr altes Adressbuch von vor dem Krieg. Sie bat die Piloten, die uns fuhren, an einem Hotel anzuhalten – ich meine, es war am oberen Ende der Avenue de Friedland –, um ihre Großtante Laure Singer anzurufen. Diese, die wunderbarerweise ihre Wohnung in der Rue Léo Delibes 4 behalten hatte, sagte, sie solle sofort kommen, wir könnten bei ihr wohnen. Eine halbe Stunde später, nachdem wir uns von unseren Piloten verabschiedet hatten, zogen wir mit unseren Koffern bei Tante Laure ein: Ein neues Leben kündigte sich an.

Das Appartement der Singers befand sich in einem herrschaftlichen Gebäude des 16. Arrondissements aus der Zeit vor dem Ersten Weltkrieg und hatte einige Zeichen vergangenen Wohlstands bewahrt: Die Wände des Esszimmers waren mit dunklem Holz getäfelt und der große Salon besaß eine Tapete aus rotem

Damast. Schöne Möbel, Teppiche, aber das Geld fehlte an allen Ecken und Enden. Tante Laure, ihre Tochter und ihre Enkelkinder waren so froh, uns wiedergefunden zu haben, dass sie das wenige, was sie besaßen, gerne mit uns teilen wollten. Maman machte sich keine großen Sorgen, denn sie wollte ihren älteren Bruder, Paul Rie, der das Erbe meines Großvaters in den USA verwaltete, darum bitten, uns Geld für unseren Lebensunterhalt zu schicken. Es war nicht leicht, nach Übersee zu telefonieren, aber nach einigen Tagen konnten wir mit New York sprechen. Maman erklärte, dass wir Geld brauchten, und meine Großmutter antwortete, man werde es ihr schicken. Und tatsächlich brachte mein zweiter Onkel es sechs Wochen später mit. In New York hatte die Familie nicht verstanden, dass wir wirklich ohne einen Cent dastanden und dass unsere Verwandten und Freunde in Paris alle in einer prekären Lage waren. So konnte meine Mutter mit geliehenem Geld nur ein Fahrscheinheft für den Bus und ein Fahrscheinheft für die Metro kaufen, das sie jeweils in drei Teile teilte: für meinen Bruder, für sich selbst und für mich. Sie gab sie uns und betonte mehrfach, sie seien nur im Notfall zu benutzen.

Wir besaßen nicht die finanziellen Möglichkeiten, die Nahrungsmittel zu bezahlen, die es auf dem Schwarzmarkt gab. Auf dem Speiseplan: Topinambur, Kartoffeln, selten Fleisch. Aber das war nicht von Bedeutung: Wir waren guter Dinge! Manchmal bekam Tante Laure Besuch von einem Freund, der echten Bohnenkaffee mitbrachte. Dann bereitete diese sehr alte Dame, die aus dem jüdischen Bürgertum Konstantinopels stammte, uns einen türkischen Mokka zu, den wir langsam und andächtig tranken.

Ich hatte die weiterführende Schule in Deutschland abgeschlossen, aber mein Bruder war in der Oberprima abgegangen. Sofort nach seiner Ankunft in Paris bereitete er sich auf das *Bac-*

calauréat vor, denn es gab die Möglichkeit, es im September 1945 abzulegen.

Ich machte mich auf die Suche nach Arbeit. Der Cousin eines belgischen Cousins, ein ehemaliger Kriegsberichterstatter, war mit einer Radiosendung beauftragt worden, die dreimal in der Woche in Belgien ausgestrahlt werden sollte, und suchte eine Redaktionssekretärin. Diese musste die französische Presse lesen und für fünf Minuten Kurznachrichten finden, die das belgische Publikum interessieren könnten, sie musste Schreibmaschine schreiben und, falls nötig, den Sprecher ersetzen. Was die beiden ersten Punkte betraf, war ich qualifiziert, aber ich hatte einen sehr störenden deutschen Akzent. Meine Familie riet mir, in der Öffentlichkeit niemals den Mund aufzumachen. Nach vier Wochen hatte ich meine Stimme im Griff, ich wollte mir unbedingt meinen Lebensunterhalt selbst verdienen.

Zwei Gymnasiallehrer, die von meinem Aufenthalt in Deutschland während der gesamten Dauer des Krieges gehört hatten, baten mich, vor ihren Schülern einen Vortrag zu halten. Wir trafen uns, um uns abzusprechen. Sie sagten, ich solle die Mentalität der „*Boches*" beschreiben. Der Terminus schockierte mich, ich sah mich nicht in der Lage, in Allgemeinplätzen über die Deutschen zu reden, ich lehnte die Einladung ab: Für mich sind die Deutschen wie alle Menschen auf der Erde Individuen. Ich hatte sehr unterschiedliche kennengelernt, konnte nur in diesem Sinne über die Zeit sprechen. In Wirklichkeit interessierten sich diese Lehrer überhaupt nicht für das, was ich erlebt hatte.

Meine Mutter, die ihre jüdische Abstammung jetzt nicht mehr verbergen musste, bekam eine Audienz beim Erzbischof von Paris. Sie erzählte ihm, dass sie mich während des Krieges in einem Augenblick tiefer Verzweiflung gebeten hatte, sie zu taufen. Das Kirchenrecht schreibt vor, dass die Taufe, wenn der Hinderungsgrund aufgehoben ist, von einem Priester bestätigt werden muss. Der Erzbischof erklärte die Taufe für rechtsgültig. Mit dem Geld aus den Vereinigten Staaten konnten wir eine kleine Wohnung in der Rue Chardon-Lagache im 16. Arrondissement mieten. Im September hörte ich auf zu arbeiten und schrieb mich für das erste Jahr in Medizin ein, wohl wissend, dass ich dieses Jahr nicht beenden würde, da Maman, die ihre Mutter und ihre Brüder wiedersehen und wieder arbeiten wollte, für sich und ihre Kinder einen Repatriierungsantrag in die USA gestellt hatte. Dies war die einzige Möglichkeit, den Atlantik zu überqueren: Die Schiffe und die Flugzeuge beförderten nur Militärs oder Sonderbeauftragte. Wir blieben also in Paris bis Anfang März 1946.

Wieder Medizinstudentin

Das Medizinstudium in Frankreich unterschied sich dahingehend von dem in Bonn, dass die Studenten von Anfang an ins Krankenhaus geschickt wurden. Mich wies man der chirurgischen Abteilung des Hospitals Saint-Antoine zu, die von Professor Cadenat geleitet wurde. Die hierarchische Pyramide sah folgendermaßen aus: der Chefarzt und sein Assistent, dann die Oberärzte, Leiter der medizinischen Abteilungen und mit dem Unterricht betraut, danach „Interne" (Mediziner in der Facharztausbildung) und dann sechs „Externe" (Studierende zwischen dem dritten und sechsten Studienjahr). Wir waren ungefähr hundert Studenten im ersten Studienjahr. Morgens hielt ein Oberarzt oder ein Interner in einem Hörsaal eine Vorlesung, an der wir teilnehmen mussten. Danach ging es in die Krankensäle zu den Kranken. Zu der Zeit wurden die Kranken in den chirurgischen Stationen der Universitätskrankenhäuser nach Geschlechtern getrennt zu zehnt in großen Sälen untergebracht. Die Externen hatten die Aufgabe, die Studenten des ersten Studienjahres zu beaufsichtigen. Letztere mussten „Beobachtungen" schreiben, das heißt für jeden Patienten einen Bogen ausfüllen, in dem bestimmte Angaben zu ihm und seinen Symptomen erfasst wurden. Dann assistierten sie ihrem Externen bei seinen verschiedenen Aufgaben. Sie lernten den Blutdruck, die Temperatur, den Puls zu messen, Spritzen zu setzen, Wunden zu nähen, Verbände anzulegen, mit dem Kranken zu sprechen.

Das Trimester fing gerade an, als der Interne, der die Vorlesung hielt, uns verkündete, dass zwei Externe fehlten: Der eine hatte aus persönlichen Gründen gekündigt und der andere hatte wegen Tuberkulose aufhören müssen. Der Interne bat also darum, dass zwei Studenten aus dem ersten Jahr sich freiwillig für das Amt eines Externen meldeten. Er beschrieb uns die Aufgaben dieses Amtes: eine Nachtwache alle sechs Tage, Hilfestellung bei Operationen, die oft einen Dienst bis nach Mittag nötig machten, Anästhesien. Anders gesagt, das Amt eines Externen war mit dem Studium an der medizinischen Fakultät nicht vereinbar, wo der Student an Sectio-, Anatomie- und anderen Kursen teilnehmen musste, um sich auf die Prüfungen vorzubereiten.

Da ich wusste, dass ich diese wohl nicht würde ablegen können, weil wir ja wahrscheinlich im Frühjahr 1946 in die USA ausreisen würden, meldete ich mich freiwillig. Eine andere Studentin, die auf ein Visum nach Australien wartete, tat es mir gleich. Das Problem war unsere Unerfahrenheit: Man musste uns auf die Schnelle alles beibringen. Ich wurde in das Arbeitszimmer des Chefarztes vor seinen Lehnstuhl gesetzt und musste mit Katgut fünfzig Knoten der einen Sorte auf den rechten Arm des Lehnstuhls machen und fünfzig Knoten einer anderen Sorte auf den linken Arm. Denn die Hilfe bei Operationen bestand darin, jedes Mal, wenn der Chirurg die Rundnadel durch beide Ränder einer Wunde gezogen hatte, die beiden Enden des Katgut-Fadens miteinander zu verknoten. Und dann kam die OP-Schwester mit einem Tablett voller chirurgischer Instrumente und ließ mich ihre Bezeichnungen auswendig lernen, denn eine weitere Aufgabe der Externen ist es, dem Chirurgen bei der Operation auf Nachfrage die Instrumente zu reichen.

Am nächsten Morgen – wir mussten vor acht Uhr da sein – zeigte man mir, wie man sich die Hände schrubbte, sich anzog, um in den OP-Saal zu gehen, vertraute mir die Chloroform-Maske an, mit der der Kranke betäubt wurde, und erklärte mir, wie ich dabei mit meinen Händen seinen Unterkiefer festhalten musste und aufpassen, dass er seine Zunge nicht verschluckte – Lebensgefahr. Beim ersten Mal blieb die OP-Schwester neben mir stehen, bis der Kranke mit Zählen aufhörte, Zeichen dafür, dass er eingeschlafen war. An manchen Vormittagen nahm ich bis zu drei Narkosen vor. Einige Kranke schliefen schneller ein als andere, die Widerstand leisteten und sich versteiften, dadurch verlor der Chirurg Zeit, weil er mit der Operation warten musste, bis der Patient vollständig eingeschlafen war. Ich wagte einen Versuch. Ich ging fünfzehn Minuten vor der Zeit in das Vorzimmer des Operationssaales, um mit dem dort wartenden Kranken zu sprechen. Ich stellte mich vor, ich erklärte ihm, woraus die Anästhesie bestand, und ich fragte ihn, ob er noch Fragen an mich hätte, vor allem beruhigte ich ihn. Ich konnte feststellen, dass das Chloroform schneller wirkte und ich weniger davon brauchte.

Jeden Morgen eilten der Chefarzt und sein Stab – zu dem ich von nun an auch gehörte – durch die Säle und blieben an den Betten der interessanten Kranken stehen. Oft erkannte ein frisch Operierter mich und rief „Frau Doktor, ich habe nichts gespürt, ich bin ganz leicht wieder wach geworden, wie Sie gesagt haben!" Die Chirurgen machten sich über mich lustig: „Sie glaubt, sie machte psychologische Narkosen!" Vielleicht, aber es funktionierte. Ich mochte meine Arbeit, ich betete, dass mir kein Fehler unterlief. Die leitende OP-Schwester, die in dem Ruf stand, ein Drache zu sein, schätze mich und kam mir oft zu Hilfe.

Der Interne, dem ich zugeordnet war, hieß Raoul Tubiana. Er ist später ein berühmter Spezialist für Handoperationen geworden. An einem Nachmittag, an dem wir Aufsicht hatten, wurde er in die Notaufnahme zu einem Verkehrsunfall gerufen: Dem Mann war die linke Hand zur Hälfte abgerissen worden. Es musste sofort operiert werden. Keine Vollnarkose, der Arm wurde mit Spritzen ruhiggestellt und auf einen kleinen Tisch gelegt, der Chirurg stand auf der einen, ich auf der anderen Seite, um ihm die Instrumente zu reichen. Er fragte mich, ob ich eine Lehrstunde in Anatomie haben wolle, ich sagte ja, mir des Privilegs wohl bewusst. Mehr als eine Stunde lang erklärte er mir jeden Nerv, jede Ader, jede Sehne, jeden Muskel, deren einzelne Teile er wieder zusammennähte. Alles wurde zusammengefügt, der Mann konnte seine Hand wieder benutzen.

Nach dem Abendessen sagte der Chirurg im Bereitschaftssaal zu mir: „Ich werde jetzt schlafen, wecken Sie mich unter gar keinen Umständen. Sie werden sehen, die Notfallkrankenschwestern sind großartige Frauen, sie wissen, was zu tun ist, sie werden Ihnen helfen. Sie werden schon klarkommen, da bin ich mir sicher." Ich war es mir weit weniger. Aber ich kann bestätigen: Die Notfallkrankenschwestern sind Meisterinnen ihres Fachs. Oft musste eine Platzwunde an der Augenbraue genäht werden, ein Körperteil bei einem stumpfen Trauma geröntgt werden. Eines

Abends brachte uns die Gendarmerie eine alte Dame, über der eine Mauer eingestürzt war. Der Kopf hatte einen heftigen Schlag abbekommen. Auf dem Röntgenbild sah man auf dem Schädel kreuz und quer weiße Striche. Ich war perplex. Was bedeuteten diese Linien? „Das sind Haarklammern", raunte mir die Krankenschwester zu. Die Gendarmen konnten die alte Dame nach Hause zurückbringen. Am nächsten Morgen um acht Uhr stand ich wieder im Operationssaal, um einen Kranken zu narkotisieren. Die Arbeit in einem Krankenhaus ist anstrengend und begeisternd zugleich.

III Aufbruch in die Vereinigten Staaten

Omas Asche

Maman hatte ihre Freunde wiedergefunden, die uns zu sich einluden, ins Theater mitnahmen, uns Bücher zu lesen gaben. Im intellektuellen Leben in Paris wimmelte es nur so von neuen Ideen, von neuen Köpfen. Wir langweilten uns wahrlich nicht, während wir darauf warteten, einen Platz auf dem Repatriierungsschiff zu bekommen. Eines Tages erreichte Maman ein Brief von ihrem Onkel Henry, dem Bruder meiner Großmutter, der sie darum bat, die Urne mit der Asche seiner Mutter, meiner Urgroßmutter, mit nach New York zu bringen. „Oma", wie wir sie auf Deutsch nannten, war 1938 in Saint-Cloud gestorben und auf dem Friedhof Père-Lachaise eingeäschert worden. Ihre Urne befand sich im dortigen Kolumbarium. Maman erkundigte sich beim Botschafter der Vereinigten Staaten nach den Formalitäten, die für eine Überführung der Asche in die USA erforderlich wären. Der amerikanische Beamte war diesbezüglich kategorisch: Die französischen Verwaltungsbestimmungen seien dermaßen restriktiv, dass es ein Vermögen kosten würde, die Urne vom Friedhof in Paris nach Cherbourg zu bringen – wahrscheinlich in einem Leichenwagen; es sei besser, erst gar nicht zu fragen, die Urne aus dem Friedhof zu holen, sie in unserem Gepäck zu verstecken, sie dann bei unserer Ankunft in New York zu deklarieren. So machten wir es.

Eine Überfahrt von elf Tagen

Ende Februar 1946 teilte die Botschaft der Vereinigten Staaten meiner Mutter mit, dass eine Schiffspassage für sie und ihre beiden minderjährigen Kinder auf dem schwedischen Dampfer *Gripsholm* reserviert sei, der Cherbourg Anfang März verlassen würde (das genaue Datum weiß ich nicht mehr). Wir packten die Koffer. Die Urne – eigentlich ein kleiner Zementsarg – mit Omas Asche fand ihren Platz zwischen den Bettlaken, in denen wir unsere letzte Nacht in Paris geschlafen hatten. Wir verabschiedeten uns – würden wir die anderen je wiedersehen? Und schon waren wir im Hafen von Cherbourg, auf der Landungsbrücke der *Gripsholm* mit unseren Pässen und wurden vom Kapitän begrüßt; ein Freund von Maman hatte uns ihm empfohlen. Kaum hatten wir das Handgepäck in den Kabinen abgestellt, da nahm der Kapitän meinen Bruder und mich auch schon zur Seite und fragte uns, ob wir der schwedischen Besatzung dabei helfen würden, die „Manifeste" auszufüllen – so hießen die Passagierlisten, in die alle Informationen eingetragen werden sollten, die die Identität der Passagiere betrafen. Denn das Sprachproblem stellte sich erneut, wie schon im Jahr zuvor im DP-Lager in Mainz: Man musste Englisch, Deutsch und Französisch können, um die gut achthundert Rückkehrer zu befragen, die das Schiff transportierte. Mein Bruder und ich konnten uns nichts Besseres vorstellen. Um sich bei uns zu bedanken, lud uns der Kapitän jeden Abend zum Essen an seinen Tisch ein, mit den Offizieren, Champagner, so viel man wollte.

Unsere Aufgabe bestand darin, alle Angaben zu einer Person

in eine einzige Zeile zu schreiben. Mein Bruder und ich hatten jeder eine riesige Schreibmaschine mit einer Walze von mindestens vierundzwanzig Zentimetern Länge vor uns, was der Breite der einzelnen Formulare des Manifestes entsprach, die in Spalten unterteilt waren. Name, Vorname, Geburtsort, Geburtsdatum, Staatsangehörigkeit, Verbindung zu den USA und so fort. All dies, um den Beamten der Einwanderungsbehörde im New Yorker Hafen die Arbeit zu erleichtern. Wir mussten diese Informationen durch Befragung der einzelnen Personen herausfinden und die Spalten so gut wie möglich ausfüllen. Danach kam die Rubrik *stowaways* (blinde Passagiere): Wir hatten zwei. Die letzte Rubrik war den Verstorbenen vorbehalten. Wir notierten: Null, wir wollten uns das Leben wegen Omas Asche nicht unnötig schwer machen.

Das Schiff hielt kurz in Southampton, um einige Passagiere aufzunehmen, sowie in Cork, in Irland. Nach meiner Erinnerung gab es ein großes Unwetter, viele Seekranke, einige mussten sich auf den Treppen übergeben. Wir rannten den ganzen Tag hin und her, um alle Personen zu finden und alle Informationen zusammenzubekommen, wir waren nie seekrank. Kann es sein, dass eine intensive Tätigkeit einen davor schützt? Die Überfahrt dauerte elf Tage. Mein Bruder war achtzehn Jahre alt, ich gerade zwanzig, alle lächelten uns an, wir waren glücklich und amüsierten uns prächtig. Die Schreie der Möwen, die amerikanische Küste in Sicht, wir wollten das Schiffsdeck nicht mehr verlassen. Zu Tränen gerührt fuhren wir bei schönstem Wintersonnenwetter an der Freiheitsstatue vorbei in den Hafen von New York ein, es war wundervoll.

New York

Als Zeichen der Höflichkeit begleitete uns ein schwedischer Offizier der Schiffsbesatzung zur Einwanderungsbehörde und zum Zoll: „Haben Sie etwas zu verzollen?" Ja, da war „Oma", die offiziell in die Vereinigten Staaten einreisen musste, damit wie sie auf dem Cypress Hills Cemetery beerdigen konnten. Der Zöllner bat Maman, den Deckel des kleinen Zementsarges zu heben. Er spreizte die Finger seiner rechten Hand und zog sie wie die Zähne einer Harke durch die Asche. Ich erkannte ein Schlüsselbein. Da waren keine wertvollen Steine. Der Zöllner unterschrieb die Zulassungspapiere, während das Gesicht des schwedischen Offiziers, unseres Freundes, dem wir unsere Urgroßmutter verheimlicht hatten, seine Überraschung verriet.

Auf dem Kai wartete Onkel Paul auf uns, um uns in einer großen Limousine zum Washington Square North Nummer 14 zu fahren, wo meine Großmutter wohnte. Bewegendes Wiedersehen, mein Bruder und ich waren nicht wiederzuerkennen, aber Granny hatte sich in den letzten sieben Jahren kaum verändert. In den darauffolgenden Tagen tauschten wir Neuigkeiten über die Familie, die Freunde aus. Maman erzählte ihrer Mutter, ihren Brüdern, ihren Schwägerinnen und Freunden, die alle während des Krieges in den USA gelebt hatten, wie es uns in Deutschland ergangen war. Sie verstanden nicht wirklich, konnten es sich nicht vorstellen, und, man sah es wohl, das ärgerte sie. Am Morgen nach unserer Ankunft, noch kaum wach, ging ich in die Küche, um ein richtig gutes amerikanisches Frühstück zu mir zu nehmen. Zum weich gesottenen Ei hatte die Köchin mir zwei Scheiben Weißbrot getoastet. Als ich sie um eine weitere bat, teilte sie mir mit, Granny habe angeordnet, meine Mahlzeiten zu beschränken, damit ich nicht zunähme: Sie fand meine Maße perfekt. Zwölf Monate vor diesem Frühstück hatte ich in einem Keller geschlafen, war unter ständigem Artilleriebeschuss vor Kälte und Hunger fast gestorben. Ich begriff schnell, dass ich meine Erfahrungen nicht verständlich machen konnte, dass ich diesen Graben akzeptieren musste, der mich von einem Teil der Menschheit trennte, der sich die Schrecken und die Entbehrungen des Krieges nicht vorstellen konnte.

Eine meiner jüngeren Cousinen, die am OWI (*Office of War Information*) neben dem Rockefeller Center in der Fifth Avenue arbeitete, hatte mich zum Essen eingeladen. Draußen war es schön, frisch, *spring is round the corner* (der Frühling steht vor der Tür), wie man sagte, die Knospen öffneten sich zaghaft und die Vögel sangen. Ich beschloss, die fünfzig Blocks der Fifth Avenue zu Fuß hinaufzugehen. Der Seewind, der in diesen langen New Yorker Straßen weht, wirkt auf mich belebend. Im letzten Jahr hatte ich einige junge Amerikaner getroffen, fast alle Soldaten. Jetzt begegnete ich zum ersten Mal Zivilisten, Männern und Frauen, sie waren groß gewachsen, gut gekleidet, aber anders als die Franzosen, denen ich auf den Champs-Élysées begegnete, senkten die Männer jedes Mal den Blick, wenn unsere Wege sich kreuzten. Meine Cousine stellte mich einigen Kollegen vor und wir gingen zum Essen in ein kleines Restaurant. Kaum hatten wir uns gesetzt, da teilte ich ihr meine Beobachtung mit, dass die Männer den Blick senkten, wenn sie einer Frau begegneten. „Außer der da", sagte ich, „der Herr da drüben, der zu uns herübersieht." „Natürlich", sagte sie und lachte, „das ist André Breton."

New York zu entdecken ist magisch; das Meer, der Hudson River, Central Park, die sagenhaften Museen und die Bühnen. Granny hatte ein Abonnement an der Metropolitan Opera, ich durfte sie begleiten. Sie hatte Plätze im Theater für uns reserviert.

Legendäre Schauspieler aus der Nähe zu sehen, perfekt einstudierte Stücke. Es wurde *L'Aigle à deux têtes* (*Der Doppeladler*) von Jean Cocteau gegeben mit der großartigen Schauspielerin Tallulah Bankhead. In der Pause erblickte ich Clark Gable, der direkt hinter mir saß. Ich war im siebten Himmel. Vor dem Krieg waren wir mit unseren Eltern sonntagnachmittags oft ins Kino gegangen. Meine beiden Helden waren damals Clark Gable und Robert Taylor.

Dieser glamouröse Moment währte nur kurz: Wir mussten unsere Leben planen. Mit achtzehn wurde mein Bruder sofort eingezogen. Nach dem Waffenstillstand in Europa hatte die Atombombe auf Hiroshima Japan zur Kapitulation gezwungen. Mein Bruder war bei der Besetzung Japans dabei. Meine Mutter fand bald eine Stelle als sozialpsychiatrische Helferin in einem Krankenhaus in Boston. Ich selbst wurde für das *senior year, pre-medecine* am Simmons College in Boston zugelassen, unter der Bedingung, dass ich im Sommer einen Kurs in organischer Chemie an der Columbia University in New York besuchte. Den Mai und den Juni verbrachte ich in Oak Park, einem Vorort von Chicago, und passte auf drei Cousins, sechs, sechzehn und siebzehn Jahre alt, auf, während ihre Eltern, meine Tante und mein Onkel, in Frankreich waren. Sechs oder sieben Wochen lang führte ich das Leben eines *housewife, middleclass*, aus dem Mittleren Westen, ich war zwanzig Jahre alt, noch ohne Führerschein, aber der ältere meiner Cousins hatte einen und konnte mich also zum Einkaufen in den Supermarkt fahren. Ich lernte, alle Geräte zu bedienen, das Essen auf amerikanische Art zuzubereiten, mit den Nachbarn zu reden. Wenn ich amerikanische Filme sehe, die in mittelgroßen Städten spielen, in denen die Bewohner ein hübsches, gemütliches holzvertäfeltes Haus haben, mit einem gut gepflegten Rasen drumherum, ganz ohne Zaun, nur von Bäumen begrenzt, erinnert mich das an Oak Park. Vielleicht hat gerade dieses plötzliche Eintauchen in ein typisch amerikanisch-bürgerliches Leben mich davon überzeugt, dass ich nicht dafür gemacht war. Ich kann in Los Angeles, New York oder Boston glücklich sein, aber nicht auf Dauer.

Meine Großmutter mietete von Juni bis Ende September ein Ferienhaus auf einer Insel: Jamestown, Rhode Island, gegenüber von Newport, wo sie sich mit Nanny und Henriette, der französischen Köchin, häuslich niederließ. Damit ich die Columbia University besuchen konnte, überließ sie mir ihre Wohnung am Washington Square samt einer Kreditkarte für meine Einkäufe. Ich war mächtig stolz darauf, dass sie mir vertraute.

Ein Schnellkurs in organischer Chemie

Eine *summer session* an der Columbia University ist kein Zuckerschlecken. Man arbeitet hart, den ganzen Tag lang, sogar abends, wenn man zu Hause ist. Um dort hinzufahren, nahm ich jeden Morgen zwischen sieben und acht Uhr die Metro und legte einhundert Blocks zurück. Ich musste umsteigen, das war einfach, aber oft war ich allein in einem Expresswaggon und sah mich einem Exhibitionisten gegenüber. Zweimal erwischte er mich. Ich begriff, dass man nur in einen Waggon steigt, in dem schon ein anderer Passagier sitzt.

Das fünfgeschossige Ziegelgebäude, in dem meine Großmutter am Washington Square North wohnte, stammte aus dem 19. Jahrhundert. Anfang der Fünfzigerjahre ist es abgerissen worden. Alle Zimmer hatten einen Kamin, auf dessen Sims Kerzenleuchter standen. Über den Fenstern waren Kästen, hinter denen sich Klimaanlagen verbargen. Die Hitzewelle im Sommer 1946 bewies mir, wie nützlich diese waren. Nach einem besonders anstrengenden Tag fand ich, als ich nach Hause kam, alle Kerzen zur Hälfte geschmolzen vor, sie bogen sich nach unten wie verwelkte Blumen.

Die Chemiekurse erschienen mir ein wenig schwierig, denn ich musste auf Englisch alle Begriffe wiedererkennen, die mir auf Deutsch oder auf Französisch vertraut waren. Der praktische Unterricht im Labor bestand aus Versuchen, die man in manchmal doppelwandigen Reagenzgläsern durchführte, und darin, Stoffe zu mischen, zu erhitzen, zu filtern und so weiter. Extrem empfindliches Material für die Hände eines jungen ungeschickten Mädchens. Ich weiß nicht, warum, jedenfalls ging jede Menge zu Bruch. Die Regel besagte, dass beschädigtes Material, das sehr teuer war, sofort ersetzt werden musste. In meinem Kurs war einer meiner Großcousins – unsere Großmütter waren Cousinen –, der im Krieg in Europa gewesen war und daher in den Genuss der *GI Bill of Rights* kam (die Armee bezahlte den GIs, die an den Kämpfen des Zweiten Weltkrieges beteiligt gewesen waren, die Ausbildungskosten). Er sah, in welcher Klemme ich mich befand, und bot mir dank seiner Rechte als ehemaliger Soldat an, meine Erstattungskosten auf seine Kappe zu nehmen. Ich nahm an, war mir aber sofort bewusst, dass ich ihm nun nichts mehr würde abschlagen können. Es ging nichts mehr zu Bruch.

College girl in Boston

Im September 1946 wurde ich *senior* am Simmons College, Boston, Massachusetts. Ein Frauencollege, dessen Campus im Nordwesten der Stadt lag, am Rand des Fenway Park, am Ufer des Charles River, der Boston von Cambridge trennt. Wir wohnten in zweigeschossigen Holzhäusern, in denen jeweils bis zu zwölf Studentinnen Platz hatten. Sie waren rund um den Campus angeordnet. Um hineinzugehen, musste man erst eine Veranda mit Rattansesseln überqueren. Die Zimmer gingen unten wie oben von einem Flur ab, an dessen einem Ende die Badezimmer lagen. Am anderen Ende befand sich eine Telefonzelle. Im Erdgeschoss verfügten wir über einen Gemeinschaftsraum, eine Art Wohnzimmer, in dem wir auch Besuch empfangen durften. Die drei Mahlzeiten wurden in einem großen Speisesaal eingenommen, mit Selbstbedienung. Die Mensa lag etwas abseits in einem eigenen Gebäude und bot den Studentinnen, die etwas Geld verdienen mussten, Arbeit. Ich teilte das Zimmer mit einer Chinesin aus Trinidad, sehr freundlich, diskret, mit der ich nicht viele Gemeinsamkeiten hatte. Wir begriffen schnell, dass man uns zusammengelegt hatte, weil man befürchtete, dass unsere Anwesenheit in einem anderen Zimmer bei den alteingesessenen Familien Neuenglands Protest hervorrufen würde.

Die Kurse fanden im Hauptgebäude statt, zehn Minuten zu Fuß von unseren Wohnheimen entfernt. Der Unterricht, der ganz anders war als der Unterricht in Europa, hatte einige attraktive Seiten: Man durfte während des Unterrichts Fragen stellen, er war klar verständlich, der Professor veranschaulichte das, was er sagte, mit Karten, Grafiken, Bildern. Wir mussten Hausaufgaben anfertigen, *papers*, aber vor allem gab es Pflichtlektüren, dicke Bücher. In den ersten drei Monaten hatte ich Mühe, war deprimiert, litt unter Appetitlosigkeit. Ich ertrug die Art von Prüfung nicht, die wir regelmäßig ablegen mussten: auf ungefähr zwanzig Fragen mit „richtig" oder „falsch" antworten. Diese binäre Art zu denken, ärgerte mich maßlos. Nach dem Krieg, den ich gerade erlebt hatte, bestand die Wirklichkeit aus vielen Facetten, es war sinnlos, eine eindeutige Zuordnung vornehmen zu wollen. Wenn man Partei ergreifen musste, durfte man doch nie vergessen, dass man parteiisch war. Kurz, ich hatte schlechte Noten.

Über einen Freund meiner Mutter, Professor am MIT (*Massachusetts Institute of Technology*), lernte ich einige französische Studenten in Harvard kennen. Da ich gerade aus Paris kam und sie bald dorthin zurückkehren wollten, baten sie mich, ihnen zu erzählen, wie das universitäre Leben in Frankreich wieder begann. Wir wurden Freunde. Wir trafen uns oft sonntags zum Essen bei André du Bouchet und seiner Freundin Jackie. André las Gedichte von du Bellay vor, seine Freundin sang. Wir sprachen über die letzten Theaterstücke, Filme, Bücher. Durch André entdeckte ich Céline. Wir träumten davon, uns eines Tages alle in Paris zu treffen. Ich erzählte ihnen von meinen Problemen am College. Sie bedauerten mich. Einer der Gäste war Philippe Meyer. Er machte gerade seinen Doktor in Physik und wurde später Professor in Paris an der *École normale supérieure*. Er konnte schlechte Noten einfach nicht akzeptieren. Da er beschlossen hatte, mich aus meinem alten Trott zu befreien, telefonierte er jeden Abend mit mir, nur einige Minuten, gerade genug, um mich zu fragen, wie weit ich mit meiner Arbeit war, mich zu schelten, wenn ich in einer Prüfung durchgefallen war, mich zu ermutigen, mich wachzurütteln. Ich verdanke ihm unendlich viel. Dank ihm arbeitete ich besser und bekam im zweiten Semester zufriedenstellende Noten. Seine Telefonanrufe ließen mich im Ansehen meiner Hausgenossinnen steigen. Wie? Diese Belgierin, die abends nie ausgeht, die sich nicht schminkt, die keinen Alkohol trinkt, wird jeden Abend von einem Jungen angerufen? Ich konnte die Sache noch so sehr herunterspielen, sagen, dass es nur ein Freund war, dass er nicht verliebt war, sie waren wirklich beeindruckt. Philippe ist 2007 gestorben. Sechzig Jahre lang haben er und seine Frau Carmen mir geholfen, mir opulente Geschenke gemacht, mich mit ihrer Zuneigung bedacht.

Was mich in Amerika in Erstaunen versetzte, war das Klima. Ich habe oben schon die Hitzewelle in New York erwähnt. In einer Nacht im Herbst fiel in Boston die Temperatur nach einem heftigen Regen plötzlich um mehrere Grad unter Null. Vom Wasser angelockt, waren große rosa Würmer aus ihren Löchern gekrochen. Die plötzliche Kälte ließ sie zwischen den Grashalmen und auf den Bürgersteigen gefrieren. Als wir morgens zum Unterricht gingen, liefen wir über Eisflächen, die aus ihren toten Körpern bestanden.

Während der Schulferien fuhren meine Mutter und ich zu meiner Großmutter nach New York. Dies war auch eine Gelegenheit, die Familienmitglieder wiederzusehen. Ich besuchte Margarethe und Hermann Nunberg, Marianne und Ernst Kris, diese Cousins, von denen Maman so viel erzählt hatte.

Meine Großmutter liebte die Bühne und das Kartenspiel. Vor dem Krieg hatte sie Bridge gespielt, aber als sie älter wurde, zog sie *gin rummy* vor, das zu zweit gespielt wird. Unter ihren Freunden gab es einen gewissen Robert W., den sie Bob nannte, dessen Wiener Akzent seine Herkunft verriet und der ihr als Partner diente. Er trug sie auf Händen, brachte ihr Parmaveilchen, gerne nahm er seine Mahlzeiten mit ihr zusammen ein, begleitete sie in die Oper und spielte Karten mit ihr. Meine Großmutter forderte mich auf, auch *gin rummy* zu spielen. „Schau uns einfach beim Spielen zu, du wirst es schnell lernen." Das tat ich auch und musste feststellen, dass Bob systematisch schummelte. Er ließ Großmutter von Zeit zu Zeit gewinnen, aber am Ende des Abends steckte er einige zehn Dollar ein. Ich erzählte meinem Onkel Paul davon, der es schon wusste und Folgendes zu mir sagte: „Bob weiß, was sich gehört, und ist gebildet. Deine Großmutter freut sich riesig darüber, einen ritterlichen Kavalier an ihrer Seite zu haben, der ihr den kleinsten Wunsch von den Augen abliest, der ihr unendlich schmeichelt und alles für sie tun würde, wenn es ihr einmal schlecht ginge. Dank ihm brauchen wir keine Gesellschaftsdame einzustellen, die deine Großmutter furchtbar langweilen würde. Ich habe ausgerechnet, dass er ihr weniger als tausend Dollar im Monat abnimmt. Das ist geschenkt!"

Ich hatte mich an den Studienrhythmus gewöhnt, an das Studentenleben, aber ich war nicht wirklich integriert. Das Gesellschaftsleben: Bälle in langen Kleidern, geschmückt mit einer Orchidee, *corsage* genannt, die einem von seinem Tanzpartner überreicht wurde, der sie einem an die linke Seite des Ausschnitts heftete. *Blind dates*, Treffen mit Jungen, die den ganzen Abend lang über Sportwettkämpfe redeten. Dem konnte ich mich einfach nicht unterziehen. Die Studenten, die ich in Paris getroffen hatte, wollten sich auch amüsieren, aber sie hatten den Krieg erlebt. Ich träumte davon, sie wiederzusehen, die Alte Welt wiederzufinden. In Boston genoss ich das Arbeiten in der Bibliothek, alles war innerhalb der amerikanischen Institutionen so perfekt organisiert, ich hatte keine Vorstellung davon, welchen Schwierigkeiten ich in Paris begegnen würde, ich war sorglos, entschlossen, dorthin zurückzukehren. Meiner Mutter brach es das Herz, dass ich keine Amerikanerin werden und die USA verlassen wollte. Sie akzeptierte es, weil sie mich leiden sah und weil sie Vertrauen in mich hatte. Ich bin ihr unendlich dankbar dafür.

Nach der *graduation*, die mich zum *bachelor of science* machte, eilte ich nach New York und schiffte mich auf einem Dampfer ein, auf dem ich Nadia du Bouchet wiedertreffen sollte, die Mutter von André, Anästhesistin von Beruf, die nach Frankreich zurückkehrte, wo sie eine große Karriere zwischen Universität und Krankenhaus machen sollte, Inhaberin des ersten Lehrstuhls für Anästhesiologie. Unter den Passagieren war auch ein Opernsänger, der von seinem Leben als Künstler erzählte, was er mit einigen berühmten Opernarien untermalte. Diese Überfahrt dauerte sieben Tage, die wie im Flug vergingen, so sehr sehnten wir uns danach, Frankreich wiederzusehen.

|||||| Endgültig in Paris

Der Cousin meiner belgischen Cousins, mit dem ich im Sommer 1945 beim Radio gearbeitet hatte, und seine Frau ließen mich bei sich in dem kleinen Häuschen wohnen, das sie in Ville-d'Avray mitten in einem großen Park gemietet hatten. Es war Anfang Juli 1947. Für Ende des Monats hatte mich meine Tante Doro, die älteste Schwester meiner Mutter, eingeladen, die Ferien mit ihr in den Alpen zu verbringen, zwischen Comer und Luganer See. Aber was sollte ich in der Zwischenzeit tun?

Bei meinem vorherigen Aufenthalt in Paris (1945–1946) hatte ich einen literarisch gebildeten Mann kennengelernt, Freund von Clara Malraux. Er hatte mich mit ins Theater genommen, zu Gérard Philipe – grandios – in der Hauptrolle von *Caligula*, dem Stück von Albert Camus. Als unsere Abfahrt nach New York näher rückte, war er melancholisch geworden: „Was soll ohne Sie aus mir werden? Versprechen Sie mir, mir zu schreiben." Seine Sekretärin hatte mich vorgewarnt: „Er antwortet nie auf Briefe." Aus Boston hatte ich ihm jede Woche geschrieben. So ganz ohne Antwort sehnte ich mich nach ihm. Abgesehen von den schon genannten Gründen, die mich zurück nach Paris drängten, war da das Begehren, diesen Mann wiederzusehen und mir über die Art

unserer Beziehung klarzuwerden. Ich rief ihn an, er lud mich zum
Essen ein, stellte mich seiner Mutter vor, mit der er zusammen-
lebte und die mir gegenüber nicht mehr als Höflichkeit zeigte. Wir
verbrachten die Nacht zusammen. Als ich ihn am nächsten Morgen verließ, wusste ich, dass ich mich in einen Mann verliebt hatte, der mich nicht begehrte. Ich beschloss, mich in Zukunft an
Männer zu halten, die mich wirklich wollten.

Eine „Dekade" in Royaumont

In jenem Juli nahm ich auch wieder Kontakt zu anderen Freunden
auf. Während eines Besuches bei Clara Malraux erfuhr ich, dass
Jean Wahl, der Philosoph, in Royaumont zehntägige Treffen ver-
anstaltete. Die nächste „Dekade" sollte am 5. Juli beginnen. Clara
riet mir, mich anzumelden, sie war überzeugt davon, dass ich dort
Menschen treffen würde, die auf die Fragen, die ich mir stellte, eine
Antwort hätten. Ich vertraute Clara und fuhr nach Royaumont.

Die Teilnehmer wurden in ehemaligen Mönchszellen untergebracht und nahmen ihre Mahlzeiten an großen Tischen im Gewölbe des ehemaligen Refektoriums ein. Mehrere von uns waren
gerade aus den Vereinigen Staaten gekommen. Nach ein paar Sätzen hatten wir unsere gemeinsamen Freunde ausgemacht, wir teilten dieses Gefühl, eine Kluft überwunden zu haben, als wir von
der Neuen in die Alte Welt kamen. Heute nimmt man nur noch
die abweichende Uhrzeit wahr, denn wir legen unsere langen Reisen mit dem Flugzeug zurück und die Globalisierung, das Internet
und das Fernsehen haben die Unterschiede nivelliert. Aber 1947
war es vor allem die kulturelle Kluft, die uns auffiel. Beim Essen
brachten uns sehr lebhafte Gespräche einander näher. Auch auf
die Gefahr hin, wie ein *name dropper* zu wirken, möchte ich hier
die Namen derjenigen auflisten, die sich um Jean Wahl, seine Frau

Marcelle und ihr Baby versammelt hatten: Éric Weil (Philosoph, Direktor der Zeitschrift *Critique*), seine Frau und seine Schwägerin, Boris de Schloezer (Musikwissenschaftler), seine Frau und seine Nichte Scriabine, Giorgio de Santillana (Professor am MIT), François-Régis Bastide (Romanschriftsteller, später Botschafter), Eugène und Maria Jolas (vor dem Krieg die amerikanischen Herausgeber der Zeitschrift *Transition*) mit ihren Töchtern Betsy und Tina, Jean Starobinski (Arzt und Philosoph), Elsbeth de Rothschild und einige andere, deren Namen ich vergessen habe. Ich erinnere mich nicht mehr an die Themen der Vorträge, obwohl wir voller Begeisterung zuhörten. Innerhalb von zehn Tagen waren wir einander so nahegekommen, dass wir es sehr bedauerten, einander wieder verlassen zu müssen. So sehr, dass die Familie Jolas mir vorschlug, bei ihnen in Paris zu wohnen. Die Vorstellung, dass ich allein und schlecht versorgt in einer Studentenbude hocken sollte, erschien ihnen absurd. Die Jolas', denen eine Haushälterin als Mädchen für alles zur Verfügung stand, wohnten zur Miete in einem Appartement im 16. Arrondissement. Sie versicherten mir, dass es ihnen nichts ausmache, mir ein Zimmer zur Verfügung zu stellen und mich zu verpflegen. Ich hatte mich mit Tina angefreundet, die drei Jahre jünger war als ich. Sie insistierte. Ich versprach, mich bei ihnen zu melden, wenn ich aus den Ferien zurück sei.

Spaziergänge zwischen den italienischen Seen

Anders als meine Mutter war meine Tante Doro, ihre ältere Schwester, eine großartige Köchin. Diese Begabung hatte sie von ihrer Mutter, „Granny", und von ihrer Großmutter, „Oma", geerbt. Bei ihr in Mailand waren wir oft zehn Gäste bei Tisch. Sie stand früh auf, um die Mahlzeiten vorzubereiten, unterstützt wurde sie dabei von zwei Bediensteten. Danach machte sie sich schön und ging ihren Beschäftigungen in der Stadt nach. Die Bediensteten waren sehr gut alleine in der Lage zu kochen, die Speisen anzurichten und zu servieren. In den Bergen, in ihrer Villa in Lanzo d'Intelvi, am oberen Ende der Seilbahn, die vom Luganer See heraufführte, gingen wir unter den Kastanienbäumen Pilze sammeln. Kaum mit den schweren Körben zurück, mussten wir die Champignons mit einem feuchten Tuch reinigen, auf gar keinen Fall unter Wasser waschen. Sie dann in Scheiben schneiden und in Olivenöl kurz anbraten. Eine von uns hackte Petersilie, schälte den Knoblauch. Die andere kümmerte sich um das Risotto. In jenem Sommer 1947 lernte ich auch, Sahne zu schlagen. Die berühmte *panna montata*, die zu Torten und Obstsalat gereicht wurde. Wir hatten noch keinen elektrischen Mixer. Um Tomatensauce herzustellen, mussten wir die Tomaten in kaltem Zustand schälen, indem wir vorher mit einem Messerrücken Druck auf die Außenhaut ausübten: Die Haut ließ sich dann wie von selbst lösen. Meine Tante, die auch Unterricht in Englisch und Französisch gab, brachte mir viele Tricks bei, Rezepte und ganz ungewöhnliche Geschmackskombinationen. Unvergesslich: *vitello tonnato*, Kalb mit Thunfisch und Kapern, *baci di dama* (Damenküsse), Haselnussplätzchen, und andere Rezepte, die sie 1970 in Mailand veröffentlichte, drei Bände mit dem Titel: *I Segreti della cucina, selezione dal Reader's Digest*.

Wunderbare Spaziergänge in den Bergen, zwischen den Seen, an Felsvorsprüngen vorbei, von denen man die Gipfel des Engadin sehen konnte. Italienisch verstehen, es zu sprechen versuchen; Amerika war weit weg, ich hatte wieder in Europa Fuß gefasst. Jetzt ging es darum, einen Studienplan zu machen, zu wissen, wohin ich wollte. Ich kehrte nach Paris zurück.

Von der Familie Jolas adoptiert

Nach einer Nacht in einem Hotelzimmer im Quartier Latin rief ich Maria Jolas (1893–1987) an, die mich noch für denselben Abend zum Essen einlud. Sie wiederholte ihr Angebot, mich bei sich aufzunehmen. Ihr Ehemann und Tina drängten mich, ja zu sagen. Ich nahm schließlich an, ehrlich gerührt. Am nächsten Morgen zog ich bei ihnen in der Rue du Dôme 3 ein, einer kleinen Straße in der Nähe der *Place de l'Étoile*, die die Avenue Victor-Hugo mit der Rue Lauriston verbindet. Einige Monate später zogen wir in die Avenue Kléber 47 *bis*, in eine größere Wohnung, in deren großem Wohnzimmer ein Flügel stand. In ihrem eigenen Zimmer hatte Betsy, die am Konservatorium Komposition studierte, ein Klavier stehen. Tina entschied sich für ein literarisches Studium. Eugène Jolas (1894–1952), Marias Ehemann, Elsässer, Journalist, Korrespondent für eine amerikanische Zeitung in Deutschland, übersetzte Gedichte von Novalis ins Französische. Alle zwei Wochen verbrachte er das Wochenende bei seiner Familie in Paris. Maria Jolas übersetzte aus dem Französischen ins Englische: Sie war die offizielle Übersetzerin von Nathalie Sarraute, mit der sie eine noch auf die Vorkriegszeit zurückgehende Freundschaft verband. Damals veröffentlichten Eugène und Maria Texte von James Joyce, gaben die Zeitschrift *Transition* heraus und waren mit Adrienne Monnier und Sylvia Beach, den Besitzerinnen der Buchhandlung Shakespeare & Company, befreundet.

Betsy war völlig vertieft in ihre Partituren und erschien nur zu den Mahlzeiten. Tina studierte an der Sorbonne. Ich hatte mich wieder für das erste Jahr Medizin eingeschrieben und wurde der medizinischen Abteilung von Professor Vallery-Radot am Hôpital Broussais zugewiesen. Dort machte ich die Bekanntschaft einiger Studenten, mit denen ich lange befreundet blieb. Betsy, Tina und ich brachen frühmorgens in der Avenue Kléber auf und kamen spätnachmittags nach Hause zurück, um in unseren jeweiligen Zimmern weiterzulernen.

Madame Jolas legte Wert auf die amerikanische Tradition der Gastfreundschaft. Sie kannte sehr viele Leute; wenn ein Freund auf der Durchreise sie anrief, lud sie ihn grundsätzlich zum Essen ein. Wir saßen oft zu acht oder zehnt am Tisch und sprachen Englisch, Französisch, manchmal Deutsch. Unter den Stammgästen war eine amerikanische Journalistin, etwas älter als wir Mädchen, die uns über die aktuellen Entwicklungen auf dem Laufenden hielt und mit der man sich gut unterhalten konnte. Sie hieß Sally Swing und war die Tochter des berühmten Reporters Raymond Gram Swing. Maria Jolas hatte in den Zwanzigerjahren, vor ihrer Ehe, in Berlin Gesang studiert. Nach dem Abendessen setzte sie sich an den Flügel und sang *negro spirituals* für uns, die sie als Kind in Louisville, Kentucky, gelernt hatte. Daran schlossen sich Melodien von Chabrier, Hugo Wolf, Satie und Poulenc an. Wir liebten es, ihr zuzuhören. Sie sang furchtbar gern. Sie war mit großen Musikern wie dem Dirigenten Désiré-Émile Inghelbrecht (1880–1965), einem Freund von Debussy, befreundet und mit dessen Frau Germaine.

Die Jolas' hatten während des Krieges in New York, wohin sie geflohen waren, Georges Duthuit und Claude, den Schwiegersohn und den Enkel von Henri Matisse, beherbergt. Mit Marguerite, der Ehefrau, respektive Mutter, verbrachten sie viele Abende in der Avenue Kléber, ebenso wie mit Rose und André Masson, dem Maler, die ebenfalls aus den Staaten zurückgekehrt waren und mit denen die Jolas' eine enge Freundschaft verband. James Joyce war während des Krieges gestorben. Seine Witwe und sein Sohn Giorgio kamen zum Essen, ebenso Samuel Beckett, ein anderer

Stammgast, der nur selten sprach. Genau wie Henri Seyrig, der Archäologe, Vater von Delphine Seyrig; damals leitete er gerade das *Institut Français* in Beirut. Diese Abendessen, die so gar nicht mondän waren, habe ich in strahlendster Erinnerung. Jeder sprach in aller Einfachheit über die Fragen, die ihn beschäftigten. Würde man die verschiedenen Themen zusammenstellen, hätte man ein Mosaik der gerade entstehenden Nachkriegskultur: der Nouveau Roman, die zeitgenössische Kunst, die Probleme des Museums.

Die Jolas' blieben mit den Teilnehmern an der „Dekade" in Royaumont in Verbindung. Wir trafen uns regelmäßig bei den Abendvorträgen, die Jean Wahl im *Collège de Philosophie* in der Rue de Rennes 44, genau gegenüber der Kirche Saint-Germain-des-Prés, organisierte. Um Georges Bataille, Alexandre Koyré, Alexandre Kojève, Éric Weil, Jean-Baptiste Piel, Maurice Merleau-Ponty und viele andere zu hören. Es war nicht sehr voll, nach dem Vortrag trank man ein Glas Wein und beendete den Abend in der Avenue Kléber. Im Rückblick erscheint es mir als ein unerhörtes Privileg, einen so engen Umgang mit einigen Vertretern der Pariser Intelligentsia gepflegt zu haben.

Weihnachten in Aix bei den Massons

Weihnachten 1947 rückte näher. Die Massons, die in Aix-en-Provence etwas außerhalb der Stadt wohnten, luden Betsy, Tina und mich ein, die Ferien bei ihnen zu verbringen. Da sie zwei Söhne, Diego und Luis, hatten, konnten sie uns nicht unterbringen, aber sie würden uns verpflegen. Wir würden in der Nachbarschaft schon Zimmer mieten können. Ich erwähnte dies Adriana gegenüber, einer Kinderfreundin meiner Mutter und wie ich Nichte von Tante Laure, bei der wir nach unserer Rückkehr 1945 gewohnt hatten. Adriana rief gleich aus: „Aber wir haben ein Haus in der Route du Tholonet, fünf Minuten von den Massons entfernt. Weihnachten fahren wir nicht dorthin. Ich sage den Hausmeistern Bescheid, ihr bekommt drei Zimmer." Es handelte sich um das Chateau du Montjoli, ein hinreißendes Gebäude, nicht sehr groß, mit zwei Ecktürmen und einer zugewachsenen Terrasse mit Blick über das Tal.

André Masson konnte wunderbar erzählen und mochte es, wenn man ihm zuhörte; mit offenen Armen empfing er die Freunde, die ihn in Aix besuchten. Rose, seine Frau, bereitete köstliche Gerichte zu. Sie konnte mit ihren Vorräten und gutem Willen die Mahlzeiten in wahre Festessen verwandeln. Rose hatte ihre Familie zu Besuch. Sie hatte drei Schwestern: die Älteste, Bianca, schon vor dem Krieg verstorben, war die Ehefrau von Doktor Théodore Fraenkel gewesen, Simone war mit Jean-Baptiste Piel verheiratet und Sylvia, die Jüngste, war die Lebensgefährtin des Arztes Jacques Lacan, nachdem sie vorher mit Georges Bataille verheiratet gewesen war. Abgesehen von Bianca, die nicht mehr lebte, verbrachten alle einige Tage bei den Massons, ebenso wie Georges Limbour. Diese Persönlichkeiten erzählten von ihren Erinnerungen und zeichneten ein lebendiges Bild des Surrealismus. André Breton und Salvador Dalí waren nicht dabei, aber ihre Namen fielen in den Gesprächen ständig. Wir Mädchen, „die drei Grazien" genannt, hörten fasziniert zu.

Die Bekanntschaft mit Sylvia Bataille und Jacques Lacan habe ich während dieses Aufenthalts bei den Massons gemacht. Sie kamen gerade aus Ägypten zurück. Wir verbrachten Silvester zusammen. Sie fuhren mit uns in ihrem Frontlader nach Aix zu Darius Milhaud, zeigten uns die Stadt. Ich war ganz verzaubert von Sylvia, ihrem Pariserisch à la Jacques Prévert, frei von Vulgarität und so ausdrucksstark. Sie war Schauspielerin und hatte schon mit allen Schauspielern gedreht, die wir bewunderten, und erzählte unterhaltsame Geschichten über sie. Ich erweckte das Interesse von Lacan, als er erfuhr, dass ich den Krieg in Deutschland und fast zwei Jahre in den USA verbracht hatte. Ich sei also in der Lage, Texte direkt beim Lesen zu übersetzen. Mich beeindruckte die Geschwindigkeit, mit der er eine Information zur Kenntnis nahm und unmittelbar umsetzte. Er sagte zu mir: „Ich möchte Sie in Paris wiedersehen, ich würde gerne einige Bücher mit ihnen zusammen lesen."

Entgegen meiner Erwartung rief Jacques Lacan mich zwei Wochen später an und bat mich, den Sonntagnachmittag mit ihm zu verbringen. Wir lasen ein Stück von T. S. Eliot zusammen, ich übersetzte, er stellte Fragen zu einigen Ausdrücken. Sylvia brachte uns Tee und Kuchen. Nach drei Stunden Übersetzung war ich k. o., also schlug Jacques vor, ins Restaurant Méditerranée essen zu gehen. Zwei Jahre lang verbrachte ich zahlreiche Sonntage in der Rue de Lille 3 bei Sylvia, übersetzte Shakespeare, Freud und andere Autoren für einen Jacques Lacan, der die toten Sprachen beherrschte, aber nie gelernt hatte, die lebenden Sprachen zu lesen, und der darunter litt.

Um mir zu danken, und vielleicht auch zu ihrer eigenen Unterhaltung, luden Jacques und Sylvia mich ins Theater und zu sich zum Essen ein, wenn sie Freunde empfingen. Ich sage Unterhaltung, nicht um mir zu schmeicheln, sondern weil ich mich erinnere, dass ich sie oft in Erstaunen versetzte, ich unterschied mich sehr von den anderen Mädchen meiner Generation.

Ich bewunderte Jacques' Geschwindigkeit. Ihm genügte ein Viertel, um das Ganze zu verstehen. Seine Neugier für Kunstwerke, für Bücher, für Menschen war grenzenlos. Er muss ein exzellenter Praktiker gewesen sein. Sein Wartezimmer war nie leer.

Während der zwei Jahre, in denen ich ihn regelmäßig besuchte, schrieb er einige Aufsätze, der wichtigste war *Le stade du miroir* (dt.: *Das Spiegelstadium als Bildner der Ich-Funktion*), den er mich abzutippen bat, da ich seine Handschrift lesen konnte. Nachdem ich den Aufsatz überflogen hatte, sagte ich ihm, ich würde ihn mit der Schreibmaschine abschreiben unter der Bedingung, dass ich ihn vollständig verstand, einige Passagen erschienen mir jedoch unklar. Er war bereit, sie mir zu erklären. Es handelte sich immer um Bezüge auf Mallarmé-Gedichte. „Um Ihnen folgen zu können, muss man also die Gedichte von Mallarmé alle im Kopf haben?"– „Ja, meine Liebe", antwortete er, „ich schreibe für die *happy few*." Er lud mich zu einem Abendessen mit Melanie Klein ein, um ihr anzukündigen, mit mir werde er *Die Psychoanalyse des Kindes* auf Französisch veröffentlichen. In der Tat wollte er, dass ich Melanie Kleins Buch wortwörtlich übersetzte, damit er es dann für das Französische „adaptieren" konnte, indem er es neu schrieb. Ich nahm die Aufgabe an und lieferte ihm Kapitel für Kapitel, ich fragte ihn, was er von meiner Arbeit hielte. Er hatte noch keine Zeit gehabt, es zu lesen, ermunterte mich aber fortzufahren. Ich übersetzte das gesamte Werk, ohne dass er eine Zeile davon las, und fragte Sylvia, was los sei. Sie erklärte mir: „Jacques hat Sie diese Arbeit machen lassen, weil er so gerne ein Buch veröffentlichen würde. Verstehen Sie, er wird dieses Werk niemals adaptieren; aber genau das wünscht er sich am meisten auf der Welt, ein Buchautor zu sein wie seine Freunde: Kojève, Koyré, Merleau-Ponty und die anderen." Um sich bei mir für meine Mühe zu bedanken, schenkte Jacques mir die zehnbändige Pléiade-Ausgabe von Balzac. Ich nahm es ihm nicht übel. Ich entfernte mich zwar von ihm, wusste aber sehr wohl, dass ich ihm viel verdankte. Er hatte mich mit Schauspielern bekannt gemacht, mit Malern und Schriftstellern, mich zu Antiquaren und Bouquinisten mitgenommen, mir wichtige Werke zu lesen gegeben.

Im Laufe des Studienjahres hatte ich mich über die Möglichkeiten informiert, Französin zu werden, um in Frankreich als Medizinerin arbeiten zu können. Obwohl ich in Paris geboren bin, hätte ich die französische Staatsangehörigkeit nur erwerben können, wenn ich ohne Unterbrechung vom vierzehnten bis zum zwanzigsten Lebensjahr im Land gelebt hätte. Das war nicht der Fall. Man erklärte mir, der einzige Weg, Französin zu werden, sei eine Scheinehe. Ich dachte darüber nach: unmöglich. Mit großem Bedauern gab ich mein Medizinstudium auf, denn mit ihm würde ich später meinen Lebensunterhalt nicht verdienen können. Während ich auf der Suche nach einer neuen Studienrichtung war, suchte ich Arbeit. Im Studienjahr 1948/49 bot man mir einige nur wenig interessante Stellen in Handelsunternehmen an, ich konnte noch nicht erkennen, wie meine Zukunft aussehen würde.

Den August 1949 verbrachte ich auf der Île de Ré bei Freunden. Im September luden die Lacans mich zum Abendessen in die Rue de Lille 5 ein, zusammen mit Laurence Bataille, Sylvias ältester Tochter, Balthus und Claude Lévi-Strauss. Letzterer hatte gerade seine Dissertation verteidigt und Pierre Bérès hatte ihn mit der Herausgabe einer Reihe ethnografischer Bücher bei den Éditions Hermann betraut. Lévi-Strauss fragte Lacan, ob dieser nicht jemanden wisse, der in der Lage sei, die Druckfahnen eines Buches Korrektur zu lesen, das ein australisches Ethnologenehepaar, die Berndts, über die Aborigines geschrieben hatte. Das auf Englisch verfasste Buch sei in Frankreich gedruckt worden, aber die Zeitspanne bis zur Veröffentlichung sei zu kurz, als dass man die Druckfahnen per Flugzeug zur Korrektur nach Australien schicken könnte. Jacques antwortete ihm: „Sie sitzen neben einer Person, die diese Aufgabe bestens erfüllen wird." Nach diesem ersten Kontakt bat Claude mich, einige deutsche Texte für ihn zu übersetzen. Zwei Jahre später beschlossen wir, zusammenzuleben.

Und hier endet das, was ich erzählen wollte.

‖‖‖‖‖ Nachwort

Um es vorweg zu sagen: Das auf den ersten Blick bescheiden daherkommende Buch von Monique Lévi-Strauss über ihre Jugend in Nazideutschland gehört zur den seltenen Büchern, die mich zutiefst beeindruckt und bewegt haben. Und zwar ganz unabhängig davon, dass die Autorin, die damals Monique Roman hieß, heute die Witwe des berühmten und weltbekannten Ethnologen Claude Lévi-Strauss (1908 – 2009) ist.

Zum ersten Mal ergriffen war ich, als ich das Buch – fast zufällig – vor drei Jahren zum ersten Mal auf Französisch las. Ich hatte es sofort der Wissenschaftlichen Buchgesellschaft (wbg) für eine deutsche Übersetzung empfohlen. Bei der neuerlichen Lektüre jetzt war ich genauso beeindruckt und bewegt wie bei der ersten und fühlte mich persönlich so angesprochen, dass ich das Bedürfnis hatte, die vorzüglich übersetzte deutsche Fassung gleich mehrmals nacheinander zu lesen.

Meine persönlichen Erinnerungen als Sohn einer lothringischen Familie, der in Nancy aufwuchs und dadurch im Alltag erfuhr, dass die französische und die deutsche Geschichte und Kultur sehr eng miteinander verflochten sind, haben sicher dazu beigetragen. Wichtiger allerdings war die Tatsache, dass am 8. Juni 1944, d.h. zwei Tage nach Landung der Alliierten in der

Normandie und etwas mehr als ein Jahr nach meiner Geburt, mein Vater, der damals Geschichtslehrer am Gymnasium von Rouen war, von der Gestapo als Résistance-Verdächtigter verhaftet wurde und später ins KZ Neuengamme verschleppt wurde. Da aber der deutsche Beamte glaubte, er wäre ein Universitätsprofessor (auf Französisch heißt nämlich ein Gymnasiallehrer *„professeur"*), konnte mein Vater, der zu einer Gruppe von „Ehrenhäftlingen" zählte, überleben. Und dies gab ihm danach die Möglichkeit, mir und meinen Geschwistern das weiterzugeben, was Monique Lévi-Strauss als Mädchen erfuhr, nämlich, dass Deutsche und Nazis nicht miteinander zu verwechseln sind.

***

Ich halte Monique Lévi-Strauss' Buch für ein einzigartiges Werk, und zwar umso mehr, als es dank seiner gründlichen Ehrlichkeit und Ausgewogenheit, Scharfsinnigkeit und Bescheidenheit dem Leser hilft, die damalige Gesellschaft und Geschichte neu zu entdecken und besser zu verstehen. Außergewöhnlich ist es zuerst, weil es „das einzigartige Schicksal eines belgischen Mädchens mit jüdischer Mutter" rekonstruiert, „das gezwungen wurde, während des ‚Dritten Reiches' in Deutschland zu leben." Mit anderen Worten stellt dieses Buch eine für die heutigen Leser wie auch für die Autorin selber (wie auch für ihre Mutter und ihren Bruder) total überraschende Realität dar, die von ihrem Vater aus – von allen anderen abgelehnten - beruflichen Gründen vor dem Beginn des Zweiten Weltkriegs verwirklicht wurde, eine Realität aber, die sich für die ganze Familie bis April 1945 unter Verhältnissen fortsetzte, die denen der zivilen deutschen Bevölkerung durchaus ähnlich waren.

Eine Geschichte von Anfang an voll von scheinbar unerwarteten Begebenheiten bzw. Überraschungen, ob es sich um die Internationalität, Transnationalität und Originalität ihrer Familie handelt, oder darüber hinaus noch um die problemlose Akzeptanz der jüdischen Herkunft ihrer Mutter durch die Direktoren der deutschen „Gutehoffnungshütte" – bis hin zur mutigen Reise ihrer Mutter nach Berlin im März 1944, um die Ablehnung der Universitäts-Zulassung ihrer Tochter durch das Ministerium aufheben zu lassen, oder auch um das Treffen von Monique Roman Ende August 1944 vor dem Bahnhof von Marburg und in der Nacht mit einem französischen Kriegsgefangenen, der mit einem Jugendfreund ihrer Eltern bekannt war und sie sofort erkannte.

Diese Überraschungen sind im Übrigen umso erstaunlicher, als sich gleichzeitig die Autorin, wie auch ihre Mutter, ihr Bruder und auch ihr Vater keine Illusionen machten. Wenn auch sie der Meinung waren, dass „nicht alle Deutschen Nazis waren", merkten sie bald „die Ohnmacht und die Passivität der Deutschen, die nicht zur NSDAP gehörten". Sehr schnell wussten sie, dass sie von der Gestapo, die ihnen zu Beginn des Jahres 1940 ihre Pässe weggenommen hatte, überwacht waren, und dass man sie jederzeit hätte denunzieren können. Und trotzdem ließ sich die Autorin nicht entmutigen, so zum Beispiel als sie die Polizisten, denen es „unsinnig erschien", sie „hätte jüdisches Blut in sich", in ihrer Ansicht bestätigte.

Warum? Ohne Zweifel weil sie wie ihre Mutter fast sofort Radio London hörte und spätestens seit dem ersten Rückzug der Wehrmacht in Russland Ende 1941, den sie wie eine „frische Luft für all diejenigen, die den Untergang von Hitler herbeisehnten" wahrnahm, sicher war, dass Deutschland den Krieg verlieren würde. Aber auch, weil sie, anstatt passiv zu bleiben, immer wieder

Initiativen ergriff, von welchen sie hoffte, sie würden sie weiter-
bringen. So zum Beispiel gleich im Jahr 1939 in Wesel, wo sie
ursprünglich als einzige Ausländerin die schlechteste Schülerin
ihrer Klasse war, sich aber durch ihre Mathematik- und Englisch-
kenntnisse durchsetzte, oder wie drei Jahre später ihre schwer
augenkranke Mutter allmählich ein freundschaftliches Verhältnis
zum sie behandelnden Medizinprofessor entwickelte, weil sie, als
leidenschaftliche Proust-Leserin, entdeckt hatte, dass er mit Ernst
Robert Curtius verwandt war, was dazu führte, dass er alles tat,
damit sie am Ende geheilt wurde.

Während der fünf Jahre „Im Rachen des Wolfes" und trotz der
NS-Diktatur, des staatlichen Antisemitismus und der fast ständi-
gen Bombardierungen durch die Alliierten waren letztendlich die
bei vielen Deutschen erfahrene Menschlichkeit wie auch der ver-
trauensvolle Umgang mit ihr das entscheidende Element. Das war
der Fall bei sehr vielen Schülern und Schülerinnen, angefangen
mit Johanna Ebbecke (und ihren Eltern), bei vielen Lehrern und
Lehrerinnen (wie zum Beispiel dem ältesten Lehrer in Prüm, den
sie „wunderbar liebenswert" fand, oder auch ihrer Kunstlehrerin),
bei zufällig bekannten Personen, wie dem Wirtschaftsanwalt
Dr. Treisbach, der ihr 1940/41 die „Liebe zur deutschen Sprache"
beibrachte, bei den vielen Katholiken von Düsseldorf, „die Hitler
und seinem Regime extrem feindlich gegenüberstanden", bis hin
zum Direktor ihrer Schule in Prüm, einem „hohen Parteifunktionär", der immer in Uniform war. 1944 weigerte sie sich, ihn mit
ausgestrecktem Arm und „Heil Hitler" zu grüßen; anstatt sie aber
danach zu strafen, erläuterte er ihr die herkömmlichen Regeln der
Höflichkeit und fügte hinzu, „es sei an ihm, sie als fast 18-Jährige
als Erster zu grüßen". Die Menschlichkeit von vielen Deutschen
war im Übrigen mit der hoffnungsvollen Menschlichkeit der

Autorin und ihrer Familie eng verbunden. Sie waren miteinander
verflochten und bestimmten sich gegenseitig. Beispielhaft dafür
war die Art und Weise, wie die Autorin am 24. August 1944 sich
„aus humanitären Gründen" um einen schwer verletzten SS-Mann
kümmerte. Denn, wie sie schreibt, „gegen den einzelnen Deutschen empfand mein Vater keinen Hass, auch meine Mutter, mein
Bruder und ich nicht. Auch die Deutschen uns gegenüber nicht".
Und in der Tat wurden sie nie denunziert.

Mich hat gleichermaßen beeindruckt, wie es der Autorin gelungen ist, den heutigen Lesern und Leserinnen verständlich zu
machen, warum diese Jahre „einen gewaltigen Platz in ihren
Gedanken einnahmen", warum sie „ein größeres Gewicht als der
Rest ihres Lebens" haben und warum sie entscheidend ihr weiteres
Leben beeinflusst haben. Wie eine Historikerin, die sich zum Ziel
setzt - wie der französische Historiker Marc Bloch sagte -, „die Vergangenheit besser zu verstehen", ist es ihr gelungen, ihre Jugend
so klar wie möglich zu rekonstruieren und sie so zu beschreiben,
wie sie sie konkret erlebt hat, das heißt ohne zu wissen, was aus
ihrer Zukunft und aus der Geschichte werden sollte, was insbeson-
dere ihre begeisterte Freude „an einem schönen, einem sehr schönen Tag" Anfang März 1945 erklärt, an welchem „drei amerikanische Offiziere an der Tür des Hauses ihrer Familie klingelten". Bei
Monique Lévi-Strauss sind Zukunft und Geschichte grundsätzlich
offen, während Kontingenz und Menschlichkeit, Eigeninitiative
und Vertrauen eine große Rolle spielen. Mich beeindruckt auch,
wie präzise und ehrlich sie schreibt, wie ihre Sprache gleichzeitig
differenziert und einfach ist, mit welcher Ausgeglichenheit sie ihre
Jugend beschreibt, und wie sie jede Form der Geschichtsfatalität
bzw. der anachronistischen Beurteilung der Vergangenheit von
dem heutigen Standpunkt aus vermeidet.

Sie schreibt von ihrem Buch, es sei einfach ein „Tatsachenbericht". Für mich handelt es sich eher um eine gelungene Anamnese (im psychoanalytischen Sinne), die sich nicht auf die Kriegsjahre beschränkt, sondern auch die Zeit davor sowie die Zeit danach in Betracht zieht, was ihr im Übrigen am Ende ermöglicht, „Frieden mit ihrer Mutter und ihrem Vater zu schließen". Vergleichbar zu „Bildungsmemoiren" lässt Monique Lévi-Strauss uns verstehen, warum diese Jahre ihr weiteres Leben geprägt haben. Sie lässt uns verstehen, wie die Erfahrung, die sie während des Krieges gemacht hatte – nämlich, „dass die Deutschen wie alle Menschen unterschiedliche Individuen" waren und „dass die Realität aus zahlreichen unterschiedlichen Facetten besteht", die man nicht voneinander trennen kann und soll –, wie diese Erfahrung es ihr nach dem Krieg unmöglich machte, über diese Zeit zu sprechen. Sie lässt uns nachvollziehen, warum sie erst ein halbes Jahrhundert später ihre Jugend mit Scharfsinnigkeit und klarem Bewusstsein so präzise wie ehrlich rekonstruieren konnte. Sie macht uns schließlich verständlich, warum sie in den Nachkriegsjahren in Paris, dank ihres verstärkten Selbstbewusstseins und ihres Freiheits- und Lebenswillens, viele brillante Personen des französischen kulturellen und künstlerischen Lebens kennen lernte, so zum Beispiel die Philosophen Jean Wahl und Maurice Merleau-Ponty, die Schriftsteller Georges Bataille und Samuel Beckett, die Maler Balthus und André Masson und außerdem den jungen Psychoanalytiker Jacques Lacan, den sie bewunderte und der ihr unheimlich viel verdankte, weil sie ihm viele deutsche und englische Autoren übersetzte. Durch ihn lernte sie Ende 1949 Claude Lévi-Strauss kennen, der sie bat, auch ihm deutsche Texte zu übersetzen. „Zwei Jahre später beschlossen wir, zusammenzuleben. Und hier endet das", so ihr letzter Satz, „was ich erzählen wollte."

In seinem grundlegenden Buch „Gedächtnis, Geschichte, Vergessen" (zuerst 2000 in Paris unter dem Titel *Mémoire, histoire et oubli*" erschienen) plädiert der Philosoph Paul Ricœur für eine *juste mémoire*", das heißt für ein Gedächtnis, das gleichzeitig richtig, gerecht und ausgeglichen sein soll. Viele halten diese ideale „Erinnerungskultur" für utopisch. Bei allem Verständnis für diesen Einwand ist allerdings für mich diese *juste mémoire* nicht unrealistisch. Das Buch von Monique Lévi-Strauss entspricht nämlich auf vorbildliche Weise genau diesem Ideal.

Berlin, Februar 2020   *Etienne François*

‖‖‖ Danksagung

Mein Dank gilt vor allem zwei Freundinnen, die mich dazu gedrängt haben, meine Erinnerungen aufzuschreiben: der Künstlerin Sheila Hicks und der Archivarin Brigitte Lainé.

Maurice Olender hat mich ebenfalls zum Schreiben ermuntert und mir sogar angeboten, meine Erzählung zu veröffentlichen.

Schließlich Lydia Flem. Nachdem sie sich in mein Manuskript vertieft hatte, schlug sie mir einige Veränderungen vor, die meine Erinnerungen viel präziser wiedergaben.

Alle vier seien hier meiner lebhaften Dankbarkeit versichert.